KB082407

썸 탈 때 바로 써먹는 심리학

호감에서, 스킨십, 섹스까지

썸 탈 때 바로 써먹는 심리학

안은성 지음

센시오

호감에서 스킨십, 섹스까지 연애는 심리전이다

어린 시절 "엄마, 섹스가 뭐야?"라고 물었다가 황급한 목소리로 "아이구, 쪼그만 게 별 걸 다 묻네. 어른 되면 다 알게 되는 거야"라며 서둘러 입막음 당했던 이들이 많을 것이다. 뭔가 입 밖으로 꺼내면 안 될 말을 한 것 같은 분위기에 당신의 호기심은 어두워지고 되려 깊어졌을지 모른다. 그리하여 다른 많은 친구들이 그러했듯이 호기심은 헐벗은 영상으로, 19금 로맨틱 소설로 채워졌을 것이다.

당신의 썸과 연애는 어땠는가? 영어 공부만 10년이 넘었는데도 외국인을 만나면 울렁증이 도지듯, 남자 여자에 대해 "하우 아 유?", "아임 파인, 땡큐"만 외웠을 뿐, 서로의 섭리와 심리에 대해 도대체 배운 기억이 없으니 이성 앞에서 울렁거리는 것은 당연한 일이다.

그 사람도 분명 나처럼 설레는 듯 보였는데 어째서 나의 썸은 늘 못 다 핀 썸으로만 끝나는가? 혹은 자석처럼 이끌린 상대와 드디어 사귀는데 자꾸만 박자가 엇나가고, 수습하려다 되려 헛발질하게 되는 건 무슨 연유인가? 내가 연애에 소질이 없는 것 같은데 딱히 뭘 더 알아야 하는 건지도 알 수 없다.

첫경험의 추억은 안녕하신가? 어른 되면 다 안다고 했던 엄마는 거짓말쟁이다. 내가 봤던 영상 속에서는 이렇게 저렇게 하면 다들 천국의 계단에 오르던데, 나와 내 파트너는 영 감이 오질 않는다. 기다리던 키스를, 혹은 밤을 함께한 연인이 그날 이후로 뭔가 서먹해하는 건 기분 탓인가, 아니면 내가 놓친 중요한 무언가 때문인가.

맛집에는 열광하고 섹스에는 쉬쉬하는 우리

맛집 프로그램과 먹방 유튜브가 성행하는 시절이다. 맛있는 것을 탐하는 우리의 식욕은 이전과 달리 당당히 인정받는데, 그보다 결코 가볍지 않은 성욕을 용인하기에 우리의 정서는 아직도 너무 점잖거나 혹은 겁이 많은 듯하다.

혼란스러운 사실은, 통계적으로 보았을 때 한국인이 세계에서 성을 가장 중요하게 여긴다는 것이다. 섹스 횟수나 만족도는 세계 최하위권인데 섹스를 가장 중요하게 생각한다니, 서글픈 현실이 아닐 수 없다.

우리에게 섹스는 기쁜 경험, 낭만적 사랑, 친밀한 소통보다는 건전함을 훼손하는 탐닉으로 여겨지는 듯하다. 연인과 모텔을 들어설 때 누가 볼까 두리번거리며 죄책감을 누르는 대신 천진한 흥분과 설렘만을 느껴서는 안 되는 걸까. 음식을 도덕의 영역에 놓지 않듯이 섹스도 도덕이 아닌 본능의 영역에 놓고 바라볼 때 우리는 훨씬 자유로워진다.

날이 좋아서, 날이 흐려서, 좋은 일이 생겨서, 혹은 하루를 망쳐서.

사랑하는 사람과의 섹스는 책 한 권으로 모자라는 찬란한 서사이자 최고의 교감의 순간이다. 에로티즘을 폄하하고 무시한 대가는 어떻게든 치르게 되어 있다. 속궁합이 안 맞아 욕망을 달래려 바람 피우는 이들의 이야기는 드라마보다 현실에 가깝다.

영혼 없는 섹스는 정크푸드와 같다. 정크푸드에 만족할 것인가, 나만의 소울푸드를 온몸으로 맛보며 살 것인가? 기쁘고 즐거운 섹스를 원하는데 방법을 모르는 이들에게 이 책이 친절한 안내서가 되었으면 한다.

제대로 썸 타기 위해 알아야 할 너와 나의 심리

이 책은 섹스만이 아니라 남녀가 만나 서로를 마음에 심고, 달콤한 썸을 누리고, 몸으로 소통하고, 찐사랑의 여정에 탑승하는 모든 과정을 '인간의 심리'에 비추어 적나라하게 그려낸 책이다.

이성 앞에서 인간의 마음은 어떻게 작용하는가? 어느 한쪽에 특별히 작용하는 원리가 있다면 무엇일까? 이 두 가지를 아는 이들이 소위 말하는 연애 천재다. 남녀의 생태적 차이에서 오는 연애 심리의 간극을 알고, 그 빈틈을 생기 있는 매력으로 채우는 이들이 바로 누군가의 첫사랑, 짝사랑, 단 하나의 사랑이 된다.

이 책을 읽는 독자들을 연애 천재로 이끌기 위해서 사랑과 관계, 섹스에 대한 심리학의 중요한 이론들과 연구 결과를 적용했으며, 성교육 강사이자 사랑력 연구소 소장으로서 수많은 내담자들을 만나 나누었던 이야기들을 녹여냈다.

연애 천재들은 연애라는 것을 '황홀한 도취 속에 세상 유일한 존재로서 나를 발견해주는 천생연분을 만나는 일' 쯤으로 이해하지 않는다. 남녀관계도 다른 모든 인간관계와 마찬가지로 사람과 사람이 자기 이익을 추구하기 위해 부딪히며 서로 맞추어가는 것임을 잘 안다. 그래서 뜨겁게 몰입하지만 이성적이고 객관적인 시야를 잃지 않는다. 냉정과 열정의 균형을 잃지 않는 이런 태도는 역설적으로 아찔하게 매력적이어서 그의 연애는 술술 풀려나간다.

반면에 연애를 말아먹는 많은 이들은 스펙이나 외모가 문제인 경우보다 사람의 심리, 이성의 심리에 깜깜한 경우가 대부분이다. 핑크빛 직관에만 의지하며 자신의 진심이 통하지 않는다 느낄 때 성급히 좌절하고 집착한다.

때로는 자신과 어울리지 않는 사람과의 나쁜 연애를 선택함으로써 망가지는 경우도 있다.

설렘만으로 사랑을 시작하는 것은, 샌들 신고 산행하는 것과도 같다. 안 그래도 힘든 청춘들이 사랑 때문에 또 고생하는 모습을 보고 싶지 않다. 썸과 연애, 섹스의 과정에서 우리의 마음은 어떻게 미묘하게 변화하며, 때로는 왜 이리저리 휘둘리는지 근본적인 원리를 알았으면 좋겠다. 나의 어떤 말과 행동이 상대방의 마음을 움켜쥐는 강력한 닻이 되는지, 혹은 차갑게 식게 만드는 식초 한 방울이 되는지도 알아야 한다. 그 과정을 거쳐 제 짝을 찾아내고 사랑이라는 기적을 엮어내는 탄탄한 마인드를 배우길 바란다.

섹슈얼리티에 관해 허심탄회한 이야기를 나누는 나의 유튜브 영상에는 가끔 "낯뜨거운 말을 그렇게 상세하게 펼치지 않아도 다들 알아서 사랑하고 애 낳고 잘 산다"라는 준엄한 꾸짖음의 발자취가 남아 있다. 하지만 한편에서는 사랑의 매 단계마다 걸려 넘어져서 도움을 요청하는 이들의 사연이 쇄도한다. 이토록 연애가 어려운 사람이 많은 것을 보면서, 어른이 되기 전에 미리 챙겨 받지 못한 사랑력을 이제라도 살뜰하게 챙겨주어야겠다는 책임감을 꽤나 비장하게 느꼈다.

이 책은 연애를 막 시작한 동생, 혹은 사랑하는 친구가 꼭 알았으면 하는 이야기들을 담았다. 시원하게 알려주는 이 없던, 몸과 마음의 사랑 이야기를 옥탑방 평상에 다정하게 앉아 건네는 캔 맥주처럼 전해보고 싶었다.

조곤조곤 새벽별이 뜰 때까지 당신의 사랑력이 무럭무럭 자라길 응원한다.

아는 만큼 더 좋은 연인이 될 것이라고, 더 좋은 사랑을 할 수 있노라고 감히 말해본다.

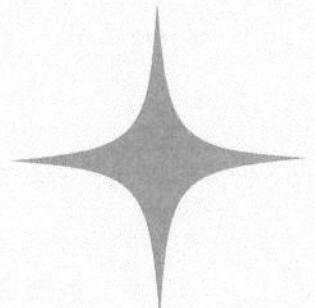

이 책이 나오기까지, 마늘 먹는 곰처럼 작업실에서 몇 달을 나오지도 않는 아내와 엄마의 빈자리를 묵묵히 응원해준 나의 남자들에게 뜨거운 감사를 전한다.

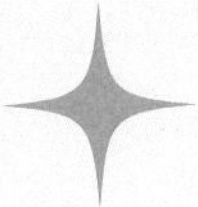

차례

1장.

썸에서 연애로 가는 가장 빠른 방법

썸의 심리학

2장.

좋아하는데 왜 안 자? 동의와 거절 사이

욕구 심리학

3장.

섹스할 때 여자가 바라는 5가지, 남자가 바라는 8가지

섹스 심리학

4장.

남자를 미치게 하는 여자, 여자가 집착하는 남자

애착의 심리학

5장.

나쁜 연애는 피하고 좋은 연애를 택하는 법

좋은 연애 심리학

The Most Useful Psychology For Love

1장

썸에서 연애로 가는 가장 빠른 방법

썸은 축제와 같다.
두 사람의 볼은 발그레한 미소로 부풀어 올라
우리 몸은 솜사탕처럼 가볍고 상대방은 달콤하기만 하다.
취한 듯한 묘약이 효력을 발휘하는 이 기간에 우리는 설렘과
불안으로 하루에도 몇 번씩 롤러코스터를 탄다.
축제가 끝나고 불꽃놀이와 흥겨운 음악이 잦아드는 시점.
달그작작한 여운을 뒤로하고서 썸의 마법은 사그라든다.
그리고 비로소 찐사랑이 시작된다.
달콤한 썸을 제대로 누리고 이후 찐사랑에 골인하려면
어떻게 해야 할까?
상대방의 마음을 어떻게 읽어내고
그 사람의 마음 한 켠에 날카롭게 자리 잡을 것인가?
아슬아슬한 스킨십의 선은 또 어떻게 넘나들어야 할까?
이성 앞에서 모든 인간의 마음에 작용하는 원리,
그리고 어느 한쪽에 특별히 작용하는 원리.
썸의 이 두 가지 핵심을 이해한다는 것은
인류가 처음으로 불을 사용하게 되었던 사건에 버금가는
내면적 혁명이 되리라 믿는다.
파티복을 벗고 화장을 지우고서 민낯으로
찐사랑의 여정을 시작하기 원하는가?
당신의 연애를 확장시켜 줄 혁명적 도구를
지금부터 알아보자.

온 몸으로 발산하는 호감 신호 알아채기

연애 고수는 상대의 호감 신호를 빠르고 정확하게 해독한다. 본인의 경험치에 비추어서, 기대감이 만들어내는 착각의 늪에 빠지지 않도록 스스로를 보호한다. 그래서 헛다리 짚고 불필요한 거절의 상처를 안거나 에너지 낭비를 하지 않는다.

또한 매력적인 이성이 도끼로 열심히 둥치를 찍는데

도 돌처럼 무뎌서 미동조차 않는 실수를 용납하지 않는다. 이들은 소중한 시그널을 단 하나도 놓치지 않고 잡아챈다.

우리 대한민국 남자 여자 사람들은 썸 앞에서 지나치게 신중한 경향이 있다. 애매하고 알쏭달쏭한 상대방의 반응에 답 안 나오는 고민만 하다가 멈춰버린, 그렇게 사랑으로 피어나지 못한 안타까운 고구마꽃들이 마음속에 한두 송이씩 있을 듯하다.

호감 신호를 읽는 가장 중요한 포인트는 그것이 그저 인간적인 관심인지, 아니면 정말 이성으로서 좋아해서 그런 라이트를 보내는 것인지를 적절히 구분할 줄 아는 일이다.

우선 애매한 시그널들을 가려보자.

속단하긴 이른 노란불

한껏 신경 쓰고 나온 옷차림, 혹은 풀메이크업

흥분하긴 이르다. 여자가 마음에 있는 남자와 만날 때

거울 앞에서 두 시간 정도 패션쇼를 하는 일은 흔하다. 남자도 마찬가지여서, 평소에는 귀차니즘의 동물이지만 잘해보고 싶은 마음에 셔츠를 여러 벌 갈아입고 향수를 뿌리기도 한다.

하지만 패션에 관심이 많아서 외출 때마다 한껏 꾸미는 것을 즐기는 사람도 있다. 평소에는 목 늘어난 면티만 입고 다니는 걸 빤히 아는데 나와 단둘이 만나는 자리에 웬일로 공들여 꾸미고 나온 경우가 아니라면, 나에 대해 예의를 갖추었다는 정도로만 살짝 매너 점수를 주자.

분위기가 좋았다

연애 초보가 가장 흔히 착각하는 부분이다. 대부분의 사람들은 만남의 목적에 충실할 만큼 분별력이 있다. 또한 상대방을 면전에서 거절하고 상처 주는 일을 거리낌 없이 하는 사람은 드물다. 특히나 이성에게는 더 조심스럽기 마련이다. 자리를 마련해준 주선자 얼굴을 생각해서라도 함부로 처신하기 힘들다.

예의 차원이 아니더라도 상대방은 지금 애매한 감정으로 나를 파악하는 상황일 수도 있다. 소개팅에 따라붙는 오랜 격언이 있지 않은가?

"사람을 세 번은 만나봐야지. 어떻게 한 번 보고 판단해?"

젠틀한 그 사람은, 집을 나설 때 부모님이 뒤통수에 던진 조언을 되새기는 중일는지도 모른다.

그러니 남자가 밥 사주고 차 사주고 집까지 바래다줬다고, 여자가 시종일관 밝게 웃었다고 호감 신호라 단정 짓지는 말자. 좀 더 쿨해지자. 분위기가 좋았다면, 일단 즐거운 시간을 보냈음에 만족하고 설레발은 내려놓자.

눈맞춤과 미소

직장이나 학교처럼 단체로 생활하는 공간에서 유난히 눈이 자주 마주친다면 용기를 내도 좋다. 하지만 소개팅처럼 단둘이 앉아 대화할 때라면 눈을 맞추지 않을 도리가 없다. '사람이 말할 때는 눈을 보라'고 우리는 배웠다. 특히 여성들은 눈맞춤과 미소가 몸에 배어 있는 경우가 많다. 이걸로 김칫국 마시기에는 이르다.

다만 상대방의 눈이 커진다면, 정확히 말해 동공이 커지는 모습이 자주 보인다면 당신에게 상당한 관심이 있다고 볼 만하다.

호감이 있을수록 민망해서 눈을 맞추지 못하는 사람도 많다. 이런 사람들은 곁눈질로 흘끔흘끔 훔쳐보곤 한다. 평소에 내향적인 사람과 자꾸 눈이 마주치고, 연신 당황한 기색을 읽게 된다면 진짜 호감일 수 있으니 슬쩍 다가서 볼 것을 추천한다.

다리를 내 쪽으로 꼬고 있다

발의 방향이 마음의 흐름과 같은 방향인 경우가 많다. 그래서 무의식적으로 관심 있는 사람 쪽으로 다리를 꼴 수 있다. 한때 나도 여기에 신경을 쓰느라, 남자고 여자고 다리를 어느 쪽으로 꼬는지 예민하게 관찰했던 적이 있다. 결론을 내리자면, 다리 방향은 우연인지 아니면 호감에 따른 것인지 단정할 수 없다는 것이다. 다리 방향에 신경 쓰다가 대화의 흐름을 놓치느니 아예 무시하는 편이 낫다.

다만 누군가와 서서 대화하는데, 그 사람의 발끝이 출구 쪽으로 비스듬히 향해 있다면 대화를 얼른 끝내고 보내주도록 하자.

확실한 그린 라이트

그럼 이성적인 끌림을 나타내는 진짜 호감 신호는 어떤 것들이 있을까?

미러링

'미러링'은 꽤 믿을 만하다. 쉽게 설명해 미러링이란, 우리 뇌 속의 거울 뉴런이 작용해서 타인의 행동이나 언어를 비슷하게 따라 하는 것이다. 누군가에게 관심이 있어서 유심히 쳐다볼 때면, 그 사람의 행동을 마치 자신이 하는 것처럼 느껴 거울 뉴런이 작동한다.

내가 턱을 괴면 상대방도 따라서 괴고, 내가 물을 마시면 그 사람도 컵에 입을 가져다 댄다. 주파수를 맞추고 있는 것이다. 나와 똑같은 메뉴를 주문하기도 하고, 내가 무엇을 좋아하거나 싫어한다고 말하면 따라 하듯 "저도요"라고 대꾸한다. "제가 미드를 좋아하는데, 요즘 푹 빠진 드라마가 있거든요"라고 말하면 "아, 미드 좋아하는군요." 하며 나의 언어를 사용해 대답한다.

미러링은 당신과 뭔가를 자꾸만 함께하고 싶다는 심리의 표현이다.

몸을 내 쪽으로 기울인다

까페 같은 공간에서 연인들이 함께 있는 모습을 보자. 작은 테이블을 사이에 두고 앉았는데도 그 테이블마저 없애고 싶다는 듯 서로를 향해 몸이 45도쯤 기울어져 있고 머리는 거의 붙을 지경이다. 서로에게 얼마나 빠져 있는지 가늠할 수 있는 보디랭귀지가 바로 '몸 기울이기'다.

몸을 기울인다는 것은 마음을 연다는 의미다. 원래 사람들은 본능적으로 자기만의 신체적 공간을 확보하려 한다. 지하철에서 빈자리에 앉을 때 누군가의 바로 옆자리를 피해 한 칸씩 떨어져 앉는 것은 그 때문이다. 누군가와 가깝게 느낄수록, 혹은 가까워지고 싶을수록 그 공간이 줄어든다.

나란히 앉아서 대화하는데 그 사람이 당신에게 호감이 있다면 당신 쪽으로 몸을 살짝 틀거나 기울이고 있을 것이다. 남자라면 당신의 의자 위에 팔을 슬쩍 걸칠 수도 있다.

몸을 기울여서 자기 공간을 공유하고 내 이야기에 집중하는 사람이라면, 당신과의 만남을 즐기고 있다고 보아도 좋다.

섹스어필

매력적인 이성 앞에서는 누구나 유혹의 본능이 일어난다. 여자의 경우 머리카락을 쓸어 올린다거나 입술을 살짝 핥는다거나 고개를 갸우뚱하며 목덜미를 드러내는 모습이 유혹적 자태의 전형이다. 우리나라 여성들은 수줍은 편이라 섹스어필에 소극적인 경우가 많다. 대신 작고 연약한 모습을 드러내어 여성성을 강조하곤 한다. 여성이 이렇게 직접적, 간적접인 섹스어필을 한다는 것은 상대에게 끌리고 있다는 메시지로 해석할 수 있다.

남자는 관심 있는 여자 앞에서 몸을 크게 보이려 어깨를 쫙 펴고 팔뚝에 힘을 주는 등 과시하는 듯한 자세를 전형적으로 취한다. 만약 썸남이 다른 경쟁자들과 함께 있을 때 당신 쪽으로 가슴을 향하고 당신의 몸을 감싸듯 팔을 쭉 뻗고 있다면, 당신을 향한 소유욕을 감지해주기 바란다.

스킨십

여자가 보이는 중요한 호감 신호 중 하나가 스킨십이다. 여자들은 스킨십에 상당히 예민한 편이다. 비호감인 사람과 닿을 때는 질색하고, 좋아하는 사람과 닿으면 한

순간에 심쿵하는 것이 여자 마음이다. 만약 썸녀와 우연히 손이 스쳤거나 어깨를 살짝 잡았을 때 움츠리지 않고 가만히 있다면 '그린 라이트'다.

그렇다고 얼씨구나 하고서 그녀의 등이나 옆구리 쪽으로 손이 가서는 안 된다. 호감 단계에서 남자에게 권장되는 스킨십은, 가파른 계단에서 손을 잡아주고 찻길에서 양어깨를 두 손으로 살짝 감싸 안쪽으로 인도하는 정도다. 이런 배려의 스킨십으로 시작하는 것이 가장 안전하고도 빠른 방법이다. 봐도 봐도 젠틀하라.

스킨십은 여자가 써먹기에도 효과적인 방법이다. 상당히 빠른 시간 안에 썸남의 호감도를 끌어올릴 수 있다는 점에 주목하시라. 남자의 팔이나 손등을 자연스럽게 터치하는 순간 남자의 심장은 뛴다. 심장을 뛰게 하는 것은 썸 단계에서 그야말로 똑똑한 행동이다.

연애에 관해 묻는다

진정한 호감 신호는 이런 것이다. 단순한 호구조사가 아닌 당신을 알고자 하는 질문을 던진다. 말 그대로 당신을 알아보는 중이며, 약간의 테스트를 하기도 한다.

특히 연애 스타일이 어떤지 가늠하려는 질문을 한다

면 당신과의 가능성을 조금은 생각하고 있다는 뜻이다. 이전 연애는 어땠는지, 어떤 스타일의 이성을 좋아하는지, 애인 생기면 뭘 하고 싶은지 같은 성의 있는 질문을 던지는가? 당신의 대답에 이어서 자기의 경험을 들려주거나, 박수를 치며 자기와 똑같다고 맞장구치는 리액션이 따라오는가?

그린 라이트다.

대화의 깊이는 얄팍한데 공허하게 희희낙락하는 경우와는 분명히 구분된다.

선톡이 온다

요즘은 다들 SNS를 끼고 살기 때문에 심심해서 톡을 날리는 일도 드물지 않다. 하지만 약간의 호감도 없는 사람에게 먼저 톡을 보내긴 쉽지 않다. 분명 여지를 보여주는 행동이다. 이를 그린 라이트로 보아야 할까? 그러기에는 뭔가 부족하다. 찔러보기, 그러니까 어장관리일 수도 있다.

호감도를 확인하려면 대화 내용을 보자. 대화의 목적과 의도가 있어야 한다. 약속을 잡고 싶은데, 뭔가 자존심이 상해서 명분을 만들려고 떠보는 경우가 있다. "벚꽃은

봤어요?", "곱창 좋아해요?" 같은 질문이 그런 경우다.

이때 곧이곧대로 "네, 봤어요", "곱창은 별로 안 좋아해요"라고 답한다면 상대방은 거절로 받아들이고 일기장에 이별 편지를 쓸지도 모른다. 사실 이때는 벚꽃과 곱창이 중요한 게 아니다. 핵심은 그 사람이 당신과 만나고 싶어 한다는 것이다. 그러니 나도 만나겠다는 의지를 보여주면 된다.

"벚꽃 너무 예쁘죠. 혹시 보셨어요?"

이렇게 상대방이 구체적으로 다음 제안을 할 수 있도록 궁둥이를 톡톡 두드려주자. 만약 여기서 상대가 물 흐르듯 진행하지 못하고 버벅거린다면 "남산 벚꽃 너무 예쁘던데 이번 주가 절정이래요"라고 '옜다.' 하는 심정으로 떠먹여주자.

"아~심심하네요"라는 톡이 왔는데 "아이구, 심심해서 어떡해요"라고 '심심한' 위로만을 건넨다면 상대방은 속이 터진다. 잊지 마시라. 그 사람은 지금 엄청난 용기를 낸 것이다. 당신의 사소한 시그널도 거절로 받아들일 수 있다. 이럴 땐 "나도 심심해요. ㅋㅋ"라고 장단을 맞춰보자. "뭐 재밌는 거 없어요?" 하고 주거니 받거니 하다가 자연스럽게 약속으로 이어지게 된다.

썸 상대방이 "지나가다 생각나서 연락해봤어요. 차 한잔할래요?"라고 톡을 걸어왔다면 웬만하면 나가라. 정 안 되면 성의껏 다정한 답장을 보내주자.

"꼭 가고 싶은데 지금은 일이 너무 바빠서요. 이번 주 목금 중에 시간 되시면 제가 사과의 의미로 커피 사드릴까요?"

이렇게 커피 받고 커피 얹는 딜을 하라. 당신의 센스에 썸의 밀도가 두 배로 높아질 것이다.

혹시 나를 보면 늘 생글생글 웃고, 자판기에서 커피도 뽑아서 건네준 적 있는 사람인데 따로 만나자는 말은 실수로라도 꺼내질 않는가? 아니면 소개팅 때 만나 밝게 웃으면서 헤어졌고 안부 인사도 몇 번 주고받았건만 도무지 약속을 잡을 수가 없는가? 애매하게 '언제 한번 만나자'라는 식으로 뭉뚱그리는 사람, 언제나 바쁘다고 말하는 사람은 당신에게 상처 주기 싫을 뿐이다. 그렇게 바쁘다면 애초에 소개팅을 했을 리 만무하지 않은가.

정말 호감이 있다면 표현이 서툴러도, 잘 웃지 않았어도, 눈도 잘 맞추지 않았어도 약속이 잡힌다. 약속 장소에 어김없이 나타난다.

잘 흘리는 자, 사랑하게 될지니

썸 단계에서 상대방의 신호를 내가 착각하는 건 아닐까 걱정하는 이들이 많다. 하지만 나는 소심 보스들께 오히려 착각을 권장하고 싶다. 착각한다고 한들 큰일이 일어나진 않는다. 오히려 착각 덕분에 용기 내서 다가가 사랑이 성사될 수도 있다.

다만, 급발진은 하지 말자. 꽃다발을 동원해서 데이트 신청을 한다거나, 구구절절한 고백 편지를 쓴다든가 하는 일은 금물이다. 차라리 만우절에 고백하라. 거짓말이라고 빠져나올 수 있게 말이다. 당신을 아직 잘 모르는 사람에게 솔직함은 미덕이 아니라 부담이다.

고백하고 실패하면 기회는 없다. 작은 기회들을 살려서 그저 친해지라. 우연을 자꾸만 만드는 창의성을 발휘해보라. 다만 "자연스러웠어"라고 말할 수 있게끔 하라. 예를 들어 무언가를 부탁하는 것은 상당히 괜찮은 방법이다. 거기에 대한 보답으로 '다음'을 엮어볼 수 있으니 말이다.

이때 앞서 소개한 호감 신호들을 적절하게 써먹어 보자. 그렇다고 호감 신호에 너무 신경 쓰느라 타이밍을 놓치지는 말았으면 좋겠다. 호감 신호는 잘 흘리기 위해 배우는 것임을 기억하라. 잘 흘리고 다니는 자, 그리고 상대가 흘리는 걸 잘 받아먹는 자가 연애 고수다.

♡
♦
●

썸 탈 때 반드시 피해야 할 대화법 : 역후광효과

심리학에서 말하는 후광효과라는 개념이 있다. 좋은 점 한 가지로 전체를 좋게 판단하거나 안 좋은 점 한 가지로 전체를 나쁘게 판단하는 일종의 판단 오류를 뜻한다. 예를 들어 상대방이 명문대를 나왔다면 좀 멍청한 소리를 해도 머리가 나쁘다고 생각하지 않고 괴짜라거나 독특하다고 여긴다.

처음 만났을 때 아기를 예뻐하던 한 장면을 보고 이 사람은 아기를 좋아하는 따뜻한 사람이라고 믿어버린다거나, 차가운 의자에 앉기 전에 손수건을 펼쳐 놓아주는 모습을 보고 다정하고 섬세한 사람이라 각인하기도 한다. 이러한 심리를 알고서 첫 만남에 의도적으로 젠틀한 이미지를 만들어서 톡톡히 덕을 보는 경우도 있다.

물론 멀리 내다보자면, 본인에게 없는 것을 만들어내기보다는 가진 자원을 드러내는 방식이 가장 좋다. 자신만의 후광이 무엇인지 찾아서 드러낼 줄 안다면 연애는 순탄하게 시작될 것이다. 그런데 어떤 이들은 멋진 아우라를 만들지는 못할망정 부정적인 후광효과를 남기는 실수를 저지르곤 한다. 그럼 머리 뒤로 둥실 떠오르려는 후광을 가차없이 부숴버리는, 매력 없는 행동을 알아보자.

호구조사

첫 만남에서 대화가 끊기지 않게 하려는 욕심에 개인적인 질문 공세를 이어나가면 상대방은 취조받는 기분이 든다. 그리고 당신을 속물이라 오해하거나 따분하다고 생각할 것이다. 그만큼 비호감도를 순식간에 높이는 것이 호구조사다.

어차피 만남이 거듭되면서 자연스럽게 알게 될 일이다. 첫 만남에 모두 알려고 들면 자칫 조건만 따지는 것처럼 비쳐 상대는 경계심을 품을 수 있다. 어디 사는지, 직업은 뭔지 정도 묻는 것은 자연스럽지만 연봉이 얼마인지, 차가 있는지, 부모님 직업은 뭔지, 대학은 어디 나왔는지 등은 첫 만남에 물어보지 않는 것이 배려다.

상처나 단점 늘어놓기

만난 지 얼마 안 되는 사람에게 자기의 깊은 상처를 불쑥 꺼내놓는 경우가 있다. 내밀한 부분을 공유하면 빨리 가까워질 수 있으리라 생각하겠지만, 당신을 진심으로 좋아하는 사람이 아니라면 부담을 먼저 느끼게 된다.

처음 만난 사람이 "어릴 때 불우한 환경에서 자랐다"라고 말할 때와, 사랑하는 연인이 어린 시절의 상처를 이야기할 때의 느낌은 완전히 다르다. 애착이 생기기 전에는 상대방에게 연민이 일어나기 어렵다. 오히려 '불행한 기억 때문에 성격이 뾰족뾰족 모가 나 있을 것 같다'는 편견을 심어주기 쉽다.

단점을 고백하는 것도 마찬가지다. 텔레비전에서 완벽해 보이는 연예인들이 본인의 신체 콤플렉스를 이야기하는 모습을 더러 본다. 어찌된 일인지 늘 섹시하고 멋지게만 보이던 그들이, 이후로는 그 단점 먼저 눈에 들어온다. 당신의 장점을 알기도 전에 단점에 주목하게 만들지 말라. 매력을 떨어뜨릴 뿐이다.

내 모습을 있는 그대로 보여줄 수 있는 사람, 나의 단점까지 좋아해주는 사람을 만나겠다는 것은 순수함이 아닌 순진함이다. 내 모습 그대로를 사랑하기까지는 시간이 필요하다.

"아무거나"라고 대답하기

상대방이 "뭐 먹으러 갈까요? 좋아하는 음식이 뭐예요?"라고 물을 때 상대에게 맞춰주겠다는 마음에 "아무거나요. 다 좋아해요"라고 말한다면 당신에게서는 아무 맛이 느껴지지 않을 것이다.

모든 선택을 상대방에게 미루는 것은 오히려 배려심이 부족한 행동이다. 내가 뭘 좋아하는지, 뭘 싫어하는지 눈치 보지 않고 솔직하게 말하는 모습만으로도 상대방은 생생한 매력을 느낀다.

까다로운 사람처럼 보이지 않으려 늘 모호하게 답변하거나, 상대방이 어떻게 생각할지 신경 쓰느라 대단치도 않은 사실을 숨기려 한다면 당신은 늘 뿌연 회색의 이미지로 떠오를 것이다. 마음을 열지 않는 것처럼 느껴지므로 상대방도 덩달아 위축된다. 쨍하게 선명해야 할 데이트는 텁텁한 공기로 채워질 것이다.

기억하자. 솔직함은 자신감이고, 자신감은 최대의 매력이다.

과도한 섹드립

초면에 섹드립은 위험하다. 여자들이 가장 싫어하는 부류가 '하룻밤만 어떻게 해보려는' 남자이기 때문에 머릿속에 바로 경계경보를 울릴 것이다. 남자뿐 아니라 가끔 털털한 여성들도 초면에 거침없는 섹드립을 즐기는 경우가 있는데, 이러면 남자들은 대단한 착각을 하게 된다. '오~ 오늘 밤 집에 안 들어가겠다는 뜻인가?' 하고 속으로 설레발을 칠 확률이 높다.

남자든 여자든 섹시함을 어필하고 싶다면 매너 좋은 잔잔한 스킨십이 안전하다. 살짝 어깨를 스치거나 우연히 손이 닿는 식으로 남몰래 심쿵함을 전하는 정도면 충분하다.

성급하게 약속 잡기

처음 만난 자리에서 다음 만남에 대한 기대를 보이는 것은 분명한 호감 신호다. 그런데 마음이 급한 나머지 여기서 한발 더 나가는 사람들이 있다. "다음 주에는 언제 시간 되세요?" 하는 식으로 안달하는 모습을 보이면 당신의 간절함을 들키고 만다. 애써 쌓은 친밀감과 매력이 한 순간에 무너질 수 있다.

기분 좋게 헤어지고 집에 돌아와서 '오늘 즐거웠다', '다음에 또 즐거운 시간 보내자.' 정도의 메시지를 보내는 것이 무난하고, 구체적인 약속은 두어 번 연락을 더 나눈 후에 잡는 것이 좋다. 이때 SNS로 너무 긴 대화를 나누는 것은 권하지 않는다. 썸 초기에 서로에 대한 신비감을 빠르게 해소하는 것은 좋은 전략이 아니기 때문이다. 궁금증을 품는 시간은 사랑의 거름 역할을 한다. 간단한 안부, 그리고 다음 약속에 대한 이야기 정도가 적절하다.

예를 들어 상대방이 대화 도중 인도 요리를 좋아한다고 말하면 "저 인도 요리 맛있게 하는 곳 알아요. 이태원인데 다음에 같이 먹어요"라며 자연스럽게 제안해보자.

첫 데이트 때는 즐거운 시간을 보내는 것에만 집중하라. 성급하게 굴다가 상대방을 뒷걸음질 치게 만드는 것은 '차였다'고 볼 수 없다. 그저 미숙함이 불러온 참사일 뿐이다. 그렇더라도 너무 상처받고 위축되지 않았으면 좋겠다. 기나긴 연애사에 찍힌 작은 손실이라 생각하자. 당신의 찬란한 봄날은 아직 오지 않았다.

당신이 연애 바보인 이유는 매력이 없어서가 아니다. 멀쩡한 사람을 한순간에 무매력으로 만드는 실수를 자신도 모르는 사이 연발했기 때문이다. 이제부터 사소한 실수로 소중한 인연을 놓치는 일은 없도록 하자.

♡
♦
●

너의 마음에 닻을 내리는 법 : 앵커링 효과

영화 〈올드보이〉에서, 우진의 누이 수아가 다리에 매달려 떨어지기 직전 했던 대사를 기억하는가? 우진의 목에 걸려 있던 카메라로 자기 얼굴을 찍으며 이렇게 말한다.

"나 꼭 기억해야 돼, 알았지? 난 후회 안 한다."

우리는 누군가의 마음에 콕 박힌 사진처럼 선명히 기억되길 소망한다. 이왕이면 뽀얀 필터와 낭만적인 배경

음악이 흐르는 아름다운 사진이면 좋겠다. 내가 그 사람을 아련하게 떠올리듯 그 사람도 나를 핑크빛 무드 속에서 떠올려준다면 더 바랄 게 없을 듯하다.

재미있는 것은, 우리가 썸을 타거나 연애할 때 상대방에게 나를 각인시키기 위해서 알게 모르게 사용하는 심리 도구가 있다는 것이다. 바로 앵커링, 우리 말로 하면 '닻'이다. 당신이 그 사람에게 닻을 깊숙이 심어 놓았다면 하루 동안에도 수시로 불쑥불쑥 당신을 떠올리게 될 것이다.

너를 생생히 소환하는 향기

'파블로프의 개 실험'은 유명한 행동주의 조건반사 실험이다. 개에게 음식을 주면 침을 흘린다. 음식을 줄 때마다 종소리를 울리면 나중에는 종소리만 울려도 침을 흘린다. 바로 '종소리'라는 오브제가 개에게 음식을 떠올리게 하는 조건, 즉 심리적 닻이 된 것이다.

닻이 물밑으로 가라앉아 배를 정박하게 만들듯이 제한된 정보는 우리 심리에 왜곡된 심상을 콕 심어놓는다.

우리는 수백 가지의 닻을 연인의 마음에 내릴 수 있다. 그것은 시각뿐 아니라 갖가지 소리와 냄새, 촉감 등 오감을 통해 생생하게 재현된다.

발목이 가느다란 그녀가 하늘하늘한 롱스커트를 즐겨 입었다면, 혹은 얼굴이 갸름한 그 남자가 평소 야구모자를 푹 눌러써서 광대뼈까지 그늘진 얼굴로 멋지게 미소를 지었다면, 어디선가 비슷한 실루엣만 봐도 그 사람이 떠오를 것이다. 당신에게서 나는 은은한 자몽 향기는 비슷한 내음의 흔적만으로도 당신을 소환할 것이다. 후각은 특히 강렬해서 평생 잊히지 않는다.

그렇게 강력해서일까, 유행가 가사는 온통 닻투성이이다.

"우리가 즐겨 듣던 노래가 라디오에서 나오면 나처럼 울고 싶은지……."

늘 같이 듣던 음악은 언제라도 우리를 그 순간으로 돌아가게 만든다. 오래 사귀거나 함께한 시간이 많을수록 이별 후 힘든 이유는 이런 수많은 닻 때문일 것이다.

여기서 하고픈 말은, 상대방의 마음에 닻을 내리려면 나만의 특징적인 모습을 자주 보여주거나 둘만의 습관을 만들라는 것이다. 만나면 반갑다고 발을 동동 구른다거나, 위로의 제스처로 어깨를 쓰담쓰담 하는 특정 행동은 썩 괜찮은 예다. 썸의 시기에 나를 자꾸 떠올리게 만드는 것은 아주 의미 있는 심리전이다. 닻은 구체적이고 생생할수록, 그리고 일상에서 쉽게 접할 수 있는 것일수록 좋다.

"새콤한 것을 좋아해요"라고 말하는 대신 이렇게 말해보라. "저는 냉장고에 사과를 넣어놨다가 아침에 눈 뜨면 먹어요. 하루 중 제일 처음으로 먹고 싶은 맛이거든요."

그 사람은 시원하고 상큼한 사과의 이미지로 당신을 떠올릴 것이다. 상대의 마음에 공들여 닻을 내리는 귀여운 노력을 해보자.

좋아하는 이에게 어둠의 닻을 내리지 않으려면

반대로, 순간의 실수로 부정적인 닻을 만들어버릴 수도 있다. 그래서 부정적인 느낌으로 당신을 떠올리지 않게끔 신경 쓰는 것 또한 중요하다. 짜증 나는 순간에 당신과 번번이 함께하게 된다면 좋지 않은 신호다. 그래서 썸의 시기나 연애 초반일수록 즐겁게 웃으면서 시간을 보내는 것이 좋다. 오해나 갈등을 풀어야 하는 경우가 아니라면 부정적 감정에 머물러 있지 말라.

직장동료나 친구끼리 공공의 적을 두고 분개하는 순간에는 뒷담화 속에 친밀함이 싹트는 것처럼 느껴진다. 하지만 늘 그런 대화만 나누게 되면 뒤돌아서서 씁쓸하고 허탈해진다. 썸 타는 사이라면 말해 무엇하랴. 침 튀기며 허물없는 이야기를 나누는 우정이 아니라, 뭔가 몽글한 감정을 갖고 싶다면 그에 걸맞은 닻을 심어야 한다.

재현은 최근 좋아하게 된 썸녀를 떠올리면 뉴스 사회면이 배경으로 떠오른다. 그녀는 최근에 일어난 사회 범죄에 대해서 진지하게 대화하는 것을 좋아한다. 아동 학대 사건이나 데이트 범죄 등을 화제에 올리며 개탄하는 상황이 매번 연출된다. 아마도 그녀는 좋지 않은 닻을 선택한 듯하다.

이 화제에 대해서 공감대가 형성되었다고 한들, 두 사람의 호르몬은 스트레스 호르몬인 아드레날린과 코르티솔 범벅이 되어버린다. 아밀라아제 범벅이 되어도 시원찮을 판에, 불행하게도 데이트 분위기는 법정 아니면 공동묘지를 향해 간다.

정의의 사도처럼 강인한 히어로 커플을 꿈꿨다면 이 불킥 하며 반성할 일이다. 긴장감 흐르는 빳빳한 닻을 선사했음이 팩트다. 유쾌한 에피소드나 잔잔한 재미가 있는 주제로 대화의 흐름을 바꿔야 한다. 집에 돌아와서 떠올렸을 때 미소 지을 수 있어야 성공적인 데이트다. 그 이미지가 곧 두 사람 관계의 색깔과 기대감을 말해주기 때문이다.

어두운 이야기는 조금만 뒤로 미뤄두기로 하자. 사랑이라는 것이 순수한 감정과 의지로 키워가는 것이라 믿고 싶으나 실은 그렇지만은 않다. 사랑도 현실이라 애꿎은 구석이 많다. 수많은 오해와 왜곡으로 덧칠된 심리가 작고도 중대한 영향을 미치는 것이다. 당신의 소소한 닻이 상대방 마음에 커다란 파장의 기폭제가 될 수 있음은 너무도 중요한 정보다.

편의점에서 초콜릿을 보고 문득 당신이 그리워 핸드폰을 꺼내게 만들라. 그런 달콤한 닻이 두 사람 사이의 틈을 메우며 사랑을 이어줄 것이다.

끝으로 본질적인 이야기를 짚어보자면, 그 어떤 감각적인 닻보다도 당신을 그리워하게 만들 거대한 닻은 '당신 자체'라는 것이다. 당신이라는 커다란 존재가 상대방의 영혼에 닻을 내리면 특정한 사물이나 감각 때문만이 아니라, 그야말로 모든 순간에 당신이 그리울 것이다. 결국은 당신 자체의 매력으로, 온전한 당신으로 만나는 것이 정답이라 믿는다. 귀여운 작은 닻들이 지향하는 가장 큰 닻은 결국 '나'임을 잊지 말자.

당신은 누군가에게 어떤 닻을 내리고 있는가?

♡
♦
●

상대를 애타게 만드는 '미해결 과제'

내 이상형도 아니고 특별히 매력적인 타입도 아닌데 어느 순간 그 사람에게 스며드는 경험을 한번쯤 해보았을 것이다. 때로는 '그 사람을 내가 어쩌다 그렇게 좋아하게 됐을까?' 스스로 놀랍기도 하다.

왜 그랬을까?

너와 사랑에 빠졌던 그 애매한 순간

내가 사랑에 빠지던 순간을 떠올려보자.

그 사람과는 이따금, 어쩌면 좀 더 자주 마주쳤을 것이다. 업무적인 대화를 나누는 사이이거나 혹은 친구의 친구일지도 모른다. 마주치면 가볍게 고개를 끄덕하거나 몇 마디 말로 인사를 나누었을 것이다. 그런데 어느 날부터 그 사람과 관련된 어떤 순간이 머릿속에 자리한다. 나에게 캔 커피를 건넸던 행동, 내 취향을 저격하는 유머와 웃음소리, 혹은 내가 좋아하는 손 모양, 아니면 특유의 향기 같은 것을 계기로 그 사람이 머릿속에 들어선다.

그때부터 자꾸만 그 사람이 궁금해진다. 나도 모르게 관찰하고 분석하게 된다. 어쩌다 눈이 마주치거나 내게 미소라도 보인다면 그 의미를 한참 해석한다. '아까 나를 왜 그렇게 쳐다보고 있었지?', '왜 굳이 내가 지나갈 때만 문을 열어줬을까?', '혹시 내가 초밥 좋아하는 거 알고서 오늘 점심때 먹으러 가자고 한 거 아니야? 내가 여러 번 말했잖아.'

이렇게 그 사람을 생각하는 시간이 점점 많아진다. 인간이 가장 견디기 힘들어하는 것이 바로 애매함이다.

마음에 숙제로 쌓이는 사랑의 미해결 과제

심리 이론에서 다루는 '미해결 과제'라는 용어가 있다. 우리가 매 순간 느끼는 욕구를 선명하게 떠올리고 해소하면 그 욕구는 가라앉는다. 그런데 제때 해소되지 못한 욕구는 어떻게 될까?

예를 들어 연인과 다투고 화해하지 못한 채 집으로 돌아왔다고 해보자. 밥을 제대로 한 상 차려서 맛깔나게 먹는 사람이 있을까? 혹은 팔을 걷어붙이고서 미뤄둔 공부를 본격적으로 시작할 수 있을까? 아닐 것이다. 누구든 일이 손에 안 잡히고 안절부절못할 것이다.

욕구를 인지하고 충족하는 과정이 반복되어야 우리는 건강한 삶을 이어갈 수 있다. 내가 원하는 것이 명확히 떠오르지 않거나 알면서도 충족할 수 없으면 그 미해결 과제들이 찌꺼기처럼 쌓인다.

사랑도 마찬가지다. 강력한 사랑의 감정이 짝사랑이라는 영원한 미해결 과제로 마음에 머물러 있다면 말 그대로 병이 되기도 한다. 멀쩡하던 사람이 상사병이 나서 시름시름 앓다가 목숨까지 잃는 경우를 생각해보면 미해결 과제가 주는 고통은 마음을 갉아먹는 무엇임에 분명하다. 만약 짝사랑이 이루어졌다면 어땠을까? 혹여 인연이 길어 결혼이라도 했다면 "권태기가 왔나 봐"라고 호사스러운 농담도 던지며 평범한 일상을 살 것이다.

1급수에서는 사랑이 발효되지 않는다

찬영은 지난주 썸녀 지현과 데이트를 한 후 아무 일도 손에 잡히지 않는다. 두 사람은 칵테일바에서 화기애애하게 대화를 이어가고 있었다. 남녀의 궁합에 대해 이야기하던 도중 별안간 그녀가 이렇게 말했다.

"아, 그런데 오빠. 지난번에 내가 오빠한테 한 말 기억나? 오빠랑 나랑 전생에 죽마고우였을 것 같다고 한 거. 그 말 취소할래."

왜냐고 물어도 조개처럼 입을 다물고 알려주지 않았다. 별 뜻 없는 말일 수도 있지만 지현의 서늘한 눈빛이 자꾸 마음에 걸린다. 뭔가 찜찜하고 마음이 무거운 상태가 며칠째다.

'다음 데이트 때 다시 물어볼까? 아니야, 너무 집요해 보일 거야. 그냥 쿨한 척 넘길까? 지현이도 나한테 분명 호

감이 있다고 느꼈는데, 착각이었을까?'

생각은 꼬리에 꼬리를 물고 빙빙 돌고 있다.

이렇게 남녀 사이에 해결되지 않은 감정은 상대방에 대한 집착을 일으킬 수 있다. 그 사람이 말해주지 않는 한 영원히 답을 알 수도 없다. 이것이 끝도 없이 그 사람을 생각하게 만든다. 그러다가 어느 순간, 새삼 자각한다.

"내가 왜 이 사람을 이렇게 계속 생각하고 있지? 진짜로 좋아하나 봐!"

상대방 생각에 사로잡힌다는 것은 사랑이라는 감정으로 이끄는 자석 같은 것이다. 위의 예에서 지현이 했던 것처럼 애매한 말을 의도적으로 흘리는 걸 추천하고 싶지는 않다. 그러나 너무도 맑은 1급수 물처럼 상대방에 대한 강한 끌림을 투명하게 보여주는 것만큼은 말리고 싶다. 어떠한 생각거리도 주지 않는 밍밍한 상태가 되어 버리기 때문이다.

연애 리얼리티 프로그램을 보면 처음부터 완전히 한 사람에게 안정적으로 직진하는 이들이 꼭 한 명씩 있다. 누가 봐도 순수하고 진실해 보이기에 모든 시청자들이 응원하게 된다. 그러나 그 착한 사람은 결국 사랑의 짝대기를 받지 못한 채 끝나는 경우가 흔하다. 그를 응원했던 사람들도 정작 궁금해하는 것은 끝까지 애매함이나 모호함으로 상대방 맘을 흔드는 캐릭터다.

'사모'의 시간이 필요한 이유

처음 보는 사람에게서 불쑥 고백을 받는다면 어떨까? 물론 첫눈에 봐도 이상형이라면 0.1초만에 사랑에 빠질 수도 있다. 그럴지라도 상대방의 진심에 대해 기대감을 가지고 설레며 궁금해하는 시간은 모조리 생략되고 만다. 은밀한 그리움은 자라날 수 없다. 썸 특유의 애틋함이라는 감정을 놓치고 마는 것이다.

서로의 감정을 내면화할 틈을 주지 않는 것은 연애 바보들이 흔히 저지르는 실수다. 썸 단계에서는 감정을 100퍼센트 노출하지 말고 약간의 애매함으로 서로를 가늠하고 각자의 감정을 숙성시킬 시간이 반드시 필요하다.

데이트를 분석하고 연락을 기다리며 애태우는 시간을 적절히 갖는 것은 꿀 같은 썸 시기의 심리전인 동시에 서로에 대한 배려일는지도 모른다.

'사랑한다'라는 말을 한자어로는 생각할 사(思), 그리워할 모(慕)자를 써서 '사모'라 한다. 생각하고 그리워하는 것이 곧 사랑이라고 직관한 그 의미가 놀랍지 않은가.

굳이 밀당을 하라는 것이 아니다. 여유를 잃고 덤비면 십중팔구 결과가 안 좋으리라는 사실을 이해하면 한결 편안한 페이스를 찾을 수 있을 것이다. 물론 본인에게 미칠 듯한 매력이 있어서 이런 번잡한 과정은 필요 없다고 믿는 사람도 있을지 모르겠다. 그러나 사람의 마음이란, 매력을 뛰어넘는 '심리'로 흔드는 것이다. 애매함이 살짝 추가된 미완 상태의 여운을 잠시 누려도 좋다. 사랑의 에피타이저, 안 먹으면 섭하다.

♡
♦
●

남자의 로망은 언제나 섹스, 그렇다면 여자는?

썸 단계에서 남녀 모두 응큼세포와 낭만세포와의 줄다리기를 시작한다. 남자는 대체적으로 한참 앞선 스킨십을 상상하며 '음란마귀' 모드일 것이다. 꽤나 저돌적으로 구는 남자도 많지만, 어떤 이들은 클래식한 고정관념에 사로잡혀 에로틱한 관계로 발전되는 것을 주저하기도 한다.

여자들도 성적인 관념은 저마다 다르다. 보수적인 편

이라면 스킨십은, 특히나 마지막 스킨십 단계는 뒤로 미룰수록 좋다는 셀프 훈육을 무한 반복할 것이다. 반면 섹스는 여자가 빼앗기는 것이 아니라 어느 영화의 대사처럼 '생리학적으로 여자가 남자를 먹는 것'이라면서 주도적인 태도를 보이는 경우도 더러 있다. 이들은 '섹스하면 사귄다'는 생각을 촌스럽다고 믿는다. 함께 밤을 보낸 후에도 남자에게 감정적으로 취약해져서 진지한 관계를 강요할 생각은 전혀 없다.

이렇게 섹스에 대한 태도와 생각은 사람마다 다르다. 다만 어떤 외적·내적 요인으로 인해 그런 태도를 갖게 되었는지 한번쯤은 고민해보고, 오류가 있다면 재설정할 필요가 있다. 예를 들어 성장기 어느 시점에 성적 수치심을 느낀 일이 있었는지, 섹스에 대해 어떤 고정된 이미지를 갖도록 교육받았는지 떠올려본다.

나는 어떤 섹스를 언제 누구와 하고 싶은가, 진정 원하는 것이 무엇인가를 스스로 생각해야 한다. 분명한 것은 육체적 즐거움에 죄책감이나 수치심이 끼어들지 않은 상태에서 올바른 판단을 할 수 있다는 사실이다. 그렇게 주도권을 잃지 말아야만 썸 단계의 스킨십에서 정신적으로 흔들리지 않을 수 있다.

남자의 로망은 언제나 섹스, 그렇다면 여자는?

에로티즘은 엄연한 연애의 과정이다. 성숙하고 자연스럽게 받아들일 수 있어야 한다. 남자의 로망은 언제나 섹스다. 여자에게 이것이 '허용'의 대상이 되는 경우가 많은데, 안전한 성적 경험이라면 여자들도 상대방의 애정이나 성적 케미를 탐색하는 연애의 한 과정으로 생각했으면 한다.

여자 입장에서는 관계 후에 상대방이 갑자기 식거나 멀어져버려서 이용당했다고 느끼게 되는 상황이 가장 두려울 것이다. 잠자리 후 이별이라도 하게 되면 "몸도 주고 마음도 줬는데"라며 자책하고 큰 상실감을 느끼게 마련이다. 그런데 몸이나 마음은 줄 수 있는 게 아니다. 줬다면 없어져야 할 텐데 여기 버젓이 남아 있지 않은가?

내가 원해서, 나에게 맞는 사람인지 탐색하는 과정을 밟는다 생각한다면 왠지 모를 비장함은 물러가고 초연해진다.

한편 썸 단계의 섹스를 당연하게 여기는 여자들도 있다. 연인으로 발전하려면 속궁합이 맞아야 하기 때문에 사귀기 전의 잠자리는 남자 못지않게 중요한 이슈가 된다. 그런 쿨함이 스스로에게 강하고 긍정적인 이미지를 부여하기도 한다. 원나잇을 즐기거나 섹스 파트너를 만드는 경우도 있다. 문제는 이런 일회성 관계에 애착을 느낄 때 생겨난다.

잠자리를 하면 감정이 생기지 않을 수 없다. 특히나 좋은 섹스라면 더더욱 그렇다. 감정을 배제한 섹스는 시간이 지날수록 공허하게 느껴지고, 어느 순간 진정한 관계를 원하게 된다. 이때 더 이상 쿨하지 못한 자신을 발견한다. 그래서 망설임 끝에 "섹파는 그만두고 당신과 더 깊은 관계가 되고 싶다"라고 고백했다가 관계가 완전히 끝나는 경우도 있다.

너무 가볍지도 무겁지도 않은, 그 어디쯤의 섹스

영어로 섹스파트너를 FWB[Friends With Benefit]라고 하는데 '이해관계인 친구'라는 의미다. 놀라운 단어 선택이 아닐 수 없다. 이 단어는 '단물만 빠는 관계', '연인이 아닌 사이의 육체적 거래'라는 뜻을 달리 표현할 길이 없어서 만들어낸 단어이리라. 친구는 이해관계를 초월한 가장 순수한 세상이 아니었던가. 아무렇지도 않게 섹스하고 어떤 책임도 지지 않겠다는 편의적 표현에 쉽게 갖다 붙여서는 안 될 일이다. 친구를 가볍게 규정한다고 가벼워질 수 없듯이 섹스를 가볍게 즐기고 싶어도 그 본질은 결코 가볍지 않다.

썸 단계의 스킨십은 무엇보다 섹스의 본질을 이해해야 하며 나의 그릇을 충분히 알고서 선택해야 하는 문제다. 너무 두려워 소중한 떨림의 순간을 혐오하고 외면하다가 좋은 사람을 잃지 않기 바란다. 그리고 섹스 따위로 마음을 빼앗기지 않는다는 호기로운 허세도 내려놓길 바란다.

그 중간 어디쯤에서, 마음으로 누리는 섹스를 함께 하고픈 누군가를 만날 수 있을 것이다.

남자는
하루 종일 그 생각만 할까?
남자에 대한 5가지 오해

'알 만큼 알 나이'가 되어도 나와 다른 성의 인간을 이해한다는 것은 여전히 어렵기만 하다. 스킨십 이야기가 나온 김에, 이번 페이지에서는 남자의 성적 욕구에 대해 알아보고 넘어갔으면 좋겠다. 남자는 여자의 편견 때문에 본의 아니게 오해를 받거나 억울한 상황에 처하는 경우가 있다. 그중 가장 흔한 오해 다섯 가지를 꼽아보았다.

남자는 늘 섹스를 원한다

남자들은 하루 종일 머릿속에서 섹스에 대한 생각이 떠나질 않는다고 흔히들 알고 있다. 실제 설문조사에 의하면 남자들은 평균적으로 30분에 한 번씩 섹시한 상상을 한다고 한다. 하지만 섹시한 상상을 한다는 것이 꼭 '섹스를 하고 싶다'는 생각과 직결되는 것은 아니고, 매번 성적 충동을 느끼는 것 또한 아니다. 남자의 성 충동이 여자들이 생각하는 것만큼 그렇게 하루 동안 자주 일어나는 일은 아니다.

일반적으로 데이트 도중 여자가 섹시해 보일 때, 혹은 사적인 공간에 단 둘이 있어서 어떤 가능성이 높아질 때 성 충동을 느낄 수 있다. 하지만 정상적인 남자라면 상황에 맞게 얼마든 자제할 수 있다. 사실 남자의 성 충동이라는 것이 미디어를 통해 과장된 측면이 있다. 남자가 충동을 느낀다고 해서 이성이 마비되고 눈이 머는 것은 아님을 알아두자.

남자는 친밀한 관계보다 섹스를 원한다

이것도 흔한 오해다. 남자들도 당연히 오래 지속되는 끈끈한 연인 관계를 원한다. '이 사람이다.' 싶은 인연을 만나서 안정적으로 행복하게 연애하기를 여자들만큼 바란다. 다만 그 관계가 형성되기 전에 잠자리를 먼저 하고 싶은 것뿐이다. 이것은 대부분의 남자들에게 해당하는 팩트다. 다만, 남자는 오로지 섹스만을 원한다고 생각하는 것은 상당히 억울한 오해라는 이야기다. 여자들이 이런 편견을 가지고 있다면 남자에 대한 경계심이 과도하게 높아져서 친밀감을 형성하는 데 방해가 될 것이다.

여자가 리드하면 헤프다고 생각한다

그렇지 않다. 남자들은 리드하는 여자를 굉장히 섹시하다고 생각한다. 야릇한 분위기에서 서로 발동이 걸린 순간, 여자 쪽에서 먼저 리드하는 역할을 선점할 때 남자의 심장은 쿵쾅거린다. 이것은 '여자가 남자를 섹시하게 생각해서 몹시 원하는' 상황이다. 남자의 자존감, 존재감을 증명해주는 이런 상황을 남자들은 더없이 황홀하게 받아들인다.

남자가 야동을 보는 것은 연인이 섹시하지 않아서다

그야말로 오해다. 당신에게 멋진 스포츠카가 있다고 생각해보라. 주차장에는 윤택이 흐르는 멋진 차가 있을

지라도, 집 앞 편의점에 갈 때는 간단히 자전거를 타는 것이 편할 수 있다. 이때 "좋은 차가 있는데 그걸 안 타다니, 차에 대한 애정이 식은 거로구나"라고 말할 사람이 있을까?

남자들에게 야동이라는 것은 손에 익은 오랜 형제와도 같다. 뜨거운 물을 부어 3분 만에 손쉽고 익숙하게 후루룩 허기를 때우게끔 해주는 컵라면에 비유할 수 있다. 최고는 절대 아니지만, 가끔 그립고 이따금 야식으로 당기는 컵라면. 그 이상도 이하도 아님을 이해하자.

다른 여자에게 눈길이 가는 것은 권태로움의 표시다

이 문제로 다투는 연인들을 정말 많이 보았다. 늘씬하게 차려 입은 예쁜 여자가 지나갈 때 남친의 눈동자가 자동으로 따라 움직였다거나, SNS의 섹시한 여자한테 '좋아요'를 누른 것이 원인이 되어 연인 간에 심각한 싸움으로 번지는 경우가 있다. 사실 이것은 진지한 싸움거리는 아니다. 남자들이 아무 생각 없이 한 행동이기 때문이다.

입장을 바꿔서 생각해보자. 여자들도 훈훈하게 잘생긴 남자나 스타일이 괜찮은 남자를 보면 순간 눈이 번쩍 뜨이고 흐뭇한 미소를 짓게 되지 않는가? 그렇다고 내 남자보다 그 남자를 사랑하는 건 결코 아니다. 잘생기고 멋지다고 다 사귀고 싶은 것도 아니다.

남친과 함께 있을 때 매력적인 여자를 보았다면 "와, 너무 예쁜데?" 하고 덩달아 칭찬하면 어떨까? 남친의 눈동자가 관리 안 되는 것은, 탄탄한 복근을 뽐내는 남자 연예인을 볼 때 내가 침을 꼴깍 삼키는 것과 전혀 다를 바 없는 일임을 기억하자.

물론 다른 이성에게 눈길을 돌리지 않으려 의식적으로 노력하는 사람들도 있다. 당신의 연인이 그렇다면 놓치지 말기 바란다. 사랑하는 사람을 배려할 줄 아는 귀인임에 틀림없다.

키스 확률이 가장 높은 장소는?
: 흥분전이이론

이번에는 남자들에게 약간의 팁이 될 만한 여자의 생리에 대해서 이야기해보려 한다. 흔히들 얘기하기로, 여자는 분위기에 쉽게 취한다고 한다. 실제로 여자가 별 생각 없던 남자의 뒤통수를 부여잡고 키스하고픈 기분에 순간적으로 휩싸일 때가 있다. 여자들이 흥분하는 의외의 포인트에 대해 알아보자.

롤러코스터에서 내려온 그녀에게 생긴 일

심리학자들이 아주 흥미로운 실험을 진행했는데, 연구 주제가 무려 '불안이 여성의 성적 흥분에 미치는 효과'다. 이 실험은, 여자들이 성적 흥분을 느낄 때 질의 혈류량이 증가한다는 특징에 착안해서 질 혈류를 측정하는 장치를 여성의 몸에 부착하는 방법으로 진행했다.

실험에 참가한 여성들을 두 집단으로 나눈 뒤, 한 집단에는 여행 다큐멘터리 영상과 에로틱한 영상을 순서대로 보여주었다. 그리고 또 다른 집단에는 공포 영화를 먼저 보여준 다음 에로틱한 영상을 보여줬다. 결과는 어땠을까? 공포 영화를 먼저 본 여성들의 질 울혈 정도가 훨씬 더 컸다. 그러니까 불안감을 자극하는 영화로 교감신경계가 활성화되었고, 이로 인해 성적 흥분이 증가되었다고 해석할 수 있다.

또 다른 비슷한 연구에서는, 여행 다큐멘터리를 본 후 에로틱한 영상을 시청한 경우와 격렬한 운동을 한 이후 에로틱한 영상을 시청한 경우를 비교했다. 결과는 마찬가지였다. 운동을 먼저 한 여성들의 성적 흥분도가 150퍼센트나 더 높았다. 교감신경계가 활성화되면 우리 몸은 싸울 준비를 하거나 방어 태세를 갖춘다. 이것이 여성들에게는 성적으로 흥분할 준비도 되는 셈이다. 물론 '안전하고 믿을 만한 상황'과 '호감 가는 이성'이라는 조건이 전제될 때의 이야기다.

또 다른 재미있는 연구를 보자. 놀이공원에서 스릴 넘치는 롤러코스터를 타려고 줄 서 있는 여성과 막 타고 내려온 여성을 대상으로 각각 실험을 해보았다. 남자들의 사진을 보여주고는 데이트할 생각이 있는지 물었더니 롤러코스터를 금방 탄 여성들이 사진 속의 모르는 남자를 더 매력적으로 평가하고 데이트할 가능성이 크다고 답변했다. 롤러코스터를 타면 심장이 마구 뛰면서 교감신경계가 활성화된다. 그 여파로 성적 끌림이 증가하게 된 것이다.

뉴욕주립대 심리학과 스튜어트 밸린스 교수의 연구 결과도 비슷한 이야기를 들려준다. 그는 '심장박동과 사랑이라는 감정의 관계'를 주제로 다음과 같은 실험을 진행했다. 남자들에게 여자 열 명의 사진을 보여주면서 각자 심장박동 소리를 스피커로 들려주었다. 실험에 참가한 남자들은 그것이 자신의 심장박동이라 인식했지만 사실은 미리 녹음한 소리였다.

실험진은 외모가 뛰어난 여성의 사진이 나올 때는 느리게 뛰는 심박 소리를 들려주었고, 평범한 여성의 사진이 나올 때 두근두근 미친 듯이 뛰는 심박 소리를 들려주었다.

이후 피실험자들에게 사진을 마음에 드는 순서대로 나열해보라고 지시하자, 절반 이상이 심박 소리가 빨랐던 순서대로 사진을 선택했다. 다시 말해, 자신이 사진 속 여자에게 반했기 때문에 심장박동이 빠르게 뛰었다고 해석한 것이다. 재미있는 것은, 심박 소리가 사실은 가짜였음을 밝히고서 사진을 다시 나열해보라고 했는데도 결과는 크게 달라지지 않았다는 사실이다.

우리는 사랑에 빠지면 심장이 두근거린다고 생각하지만, 실제로는 어떤 이유에서 심장이 뛸 때 그것을 사랑이라 믿기도 한다.

스파이더맨이 키스에 성공한 이유

위의 실험 결과들을 종합하자면, 우리는 강력한 감정의 오르내림을 경험하거나 심장이 쿵쿵 울리는 순간에 더 쉽게 사랑에 빠진다고 볼 수 있다. 여성들은 이런 순간에 상대에게 성적으로 더 이끌리기도 한다. 물론 현실적으로 생각해보면, 처음에 어느 정도의 끌림이나 호감은 전제가 되어야 한다. 개인의 취향이라는 벽을 넘지 못한 상태에서는 이런 두근거림이 오히려 역효과를 낼 수도 있다.

썸 상대와의 데이트가 뭔가 밋밋하고 약간의 텐션이 필요하다고 느끼는가? 이럴 땐 데이트 코스로 새가 지저귀는 공원이나 우아한 미술관보다는 음악 소리가 쿵쿵 울리는 클럽이나, 미친 듯이 소리 지르며 응원하는 경기장을 택하는 편이 더 승산이 있을 것이다.

영화를 본다면 잔잔한 가족 영화 대신 스릴러나 코미디 영화가 더 좋은 선택이다. 함께 땀 흘리며 운동을 하거나 높은 전망대에 올라가서 아찔한 발밑을 나란히 내려다보는 것도 추천한다.

이렇게 심장이 뛰고 손에서 땀이 배어 나오는 순간에 매력적인 이성이 옆에 있다면 그 순간 그 사람과 사랑에 빠졌다고 느끼기 쉽다. 영화 속에서 남녀 주인공이 온갖 죽을 고비를 수도 없이 겪으며 결국 사랑에 빠지는 것도 다 이유가 있는 법이다.

잊지 말자. 거미줄에 매달려 스파이더맨에게 키스를

선사한 여자 주인공의 핑크빛 심장은 스파이더맨이 아니라 거미줄이 두드린 것일지도 모른다.

♡
♦
●

잊지 못할 키스하는 법

스파이더맨 키스 이야기가 나온 김에, 썸의 절정이라 할 만한 '키스'로 이번 장을 마무리하려 한다. 서른이 넘은 나이에도 '키스 잘하는 법', '스킨십을 처음 시작하는 법'을 수줍게 물어보는 분들이 많다. 또 많은 여성분들이 썸남과 처음으로 키스한 후 너무 실망해서 설렘이 모두 무너졌다고, 심한 경우 이별까지 고민한다고 슬픈 사연을 보내오곤 한다.

사랑스러운 키스, 상대방에게 잊지 못할 추억을 선사하는 키스는 어떤 것일까?

혹시 침팬지 같은 키스를 하고 있는가?

전 세계 문화권에서 90퍼센트 이상의 민족이 키스를 한다. 키스할 때 고개를 돌리는 방향이 문화에 따라 다르다는 사실을 아는가? 우리나라처럼 글씨를 왼쪽에서 오른쪽으로 읽는 민족은 키스할 때 오른쪽으로 고개를 돌리고, 이슬람 문화권처럼 오른쪽에서 왼쪽으로 읽는 민족은 고개를 왼쪽으로 돌린다고 한다.

침팬지들도 사랑을 나눌 때 키스를 한다니, 키스란 엄청난 성적 자극을 나누는 행위임에는 분명하다. 하지만 키스는 성적인 의미만을 담고 있지는 않다. 입과 입술은 인간의 섬세하고도 복잡한 감정을 고스란히 표현하는 기관이기 때문이다. 서로의 입을 바라보며 감정을 교류하고 미소 짓는 순간 애착이 일어난다.

영화에서는 종종 사랑 없는 섹스를 묘사할 때 키스하

지 않고 몸을 섞는 모습을 보여준다. 그렇다면 정작 좋아하는 남자가 키스하지 않고 바로 본 게임으로 들어간다면 어떨까? 어쩌다 한 번이라면 섹시할 수도 있지만 일반적으로 여자는 외로움을 느낀다. 여자가 정말로 잊지 못하는 키스는 남자의 성욕을 확인하는 키스는 아닐 것이다. 멋진 남자의 키스에는 감정과 무드와 테크닉이라는 세 가지 요소가 녹아 있다. 지금부터 찬찬히 들여다보자.

두 사람의 처음 키스, 꼭 기억해야 할 한 가지

썸남 썸녀 사이에 처음으로 키스를 나누는 장면을 떠올려보자. 맛있는 저녁 식사를 마치고, 가볍게 한잔하면서 이런저런 대화도 나누었을 것이다. 두 사람 사이에 부드럽고 달큰한 공기가 흐른다. 왠지 오늘 키스를 하게 될 것 같은 예감이 스물스물 올라와 몸을 간지럽힌다.

이 시점에서 스킨십을 어떻게 시작하는 것이 자연스러운지 고민하는 남자들이 많다. 집중하시라.

여자가 스킨십의 준비가 되었으면 신호를 준다. 그 신호를 잘 캐치해서 다음 행동에 나서는 것은 남자의 몫이다. 여러 번 만난 사이라면 둘 사이의 친밀감이 높아져 있을 것이다. 손을 잡는다거나 어깨에 머리를 기댄다거나 하는 가벼운 스킨십으로 여자의 감정은 차곡차곡 쌓여 있을 것이다.

이제, 손을 살짝 잡고 눈을 맞추자. 미소를 띠면 더 좋다. 남자의 부드러운 미소는 참 매력적이다. 너무 긴장되어서 미소가 썩소로 변할 것 같다면 그냥, 마음이 가득 담긴 눈빛도 좋다. 이 순간을 얼마나 기다렸는지, 상대방을 얼마나 원하는지 애틋한 마음을 눈빛으로 발산하자. 만약 눈동자에 욕정만 이글거린다면 여자는 흠칫할지도 모른다.

이윽고 '지금이구나.' 싶은 순간이 찾아온다. 눈맞춤을 계속하고 있다면 여자의 동공이 살짝 흔들릴 것이다. 그러면 머리카락과 볼을 쓰다듬거나 부드럽게 안아주라. 자, 여자의 입술을 지그시 바라보자. 그녀가 눈을 살포시 감거나 수줍게 웃으면, 천천히 입술을 대라. 설마 성추행 이슈를 차단하느라 이렇게 선언하는 남자는 없으리라 믿는다.

"지금 제 입술이 다가갈 건데, 잘하면 혀도 같이 갈 수 있습니다. 동의하시면 눈 감으세요."

깨끗한 숨 냄새만으로도 여자의 무드는 30퍼센트 상승한다. 이 남자에 대한 호감과 설렘, 즐거운 데이트를 하고 난 후의 달콤한 분위기, 그리고 묘한 긴장감 속에 더없이 조심스럽고 섬세해진 터치에 여자의 심장은 터질 듯이 두근거린다. 물론 남자도 다를 바 없을 것이다.

이때 남자의 입술이 부드럽게, 마시멜로처럼 닿는다. 가끔 보면 새 부리처럼 뾰족하게 찍는 기술을 발휘하는 분들이 있다. 그러면 안 된다. 혹은 위아래 입술이 아예 없는 것처럼, 마치 혀가 하나의 독립된 생명체인 것처럼 방황하며 날뛰는 경우가 있다. 그게 아니다.

제발, 여러분! 입술이 부.드.럽.게. 닿는다. 그리고 잠시, 처음의 촉감을 느끼고 떼었다가 또다시 부드럽게 닿는다. 다시 닿았을 때는 입술을 살짝 무는 느낌으로 감각에 집중해보자. 우리 입술은 감각세포가 엄청나게 밀집되어 있다. 특히 아랫입술은 더욱 예민하다. 이때 남자의 손이 여자의 등이나 목덜미, 볼이나 귀 쪽에 부드럽게 닿아 있으면 굉장히 로맨틱하다. 하체가 닿으면 놀라니까 살짝 떨어져서, 상황에 따라서는 조금 더 거리를 두어도 좋겠다.

뱀? 치과? 키스할 때 주의할 것들

많이들 궁금해하는 혀의 역할에 대해서 부연하자면 '스네이크 혀'가 되지 말라고 강조하고 싶다. '스네이크 혀'가 아니라 '스네이크'처럼 하라. 최악은 빳빳한 것이다. 입을 벌리고 빳빳한 저를 크게 돌리는 동작은 뭔가 영상에서 배운 것 같고 원초적인 본능에만 충실한 듯한 느낌이 든다. 한마디로 '확 깨는' 행동이다. 혀를 꼿꼿하게 두면 본인의 감각도, 상대방의 감각도 느낄 수가 없다.

눈을 감고서 어떤 물체의 촉감을 느껴본다고 상상하라. 무엇인지 알 수 없는 대상을 덥석 세게 움켜쥐지는 않을 것이다. 천천히, 부드럽게 시도하자. 서로의 혀의 감각, 혀의 돌기까지 느껴본다고 상상하라. 복슬복슬한 강아지 털을 손끝으로 살금살금 만지다가 느낌이 좋으면 손바닥 전체로 쓰다듬게 된다. 그렇듯 혀 전체로 점차 크게 움직여보자. 이때도 마찬가지로 부드럽게, 살짝 옆으로 들어선다. 여자는 동일한 방법으로, 반대 방향으로 움직이면 된다. 그러다 장난삼아 치아나 잇몸에 혀가 살짝 닿으면 뭔가 간지러워서 웃음도 나오면서 귀여운 키스가 된다.

여자들 중에는 가끔 키스에 협조하느라 치과에 온 것처럼 입을 크게 벌리는 경우가 있다. 이러면 남자는 어떻게 키스해야 할지 몰라 당황한다. 반대로 어금니를 꽉 깨물고 있는 경우도 있다. 역시 남자가 너무 힘들어진다. 입술의 힘을 빼고 동그란 모양으로 만들어 남자의 혀를 감싸듯 하면서 때로는 혀를 살짝 내밀어보기도 한다. 이때 여자의 혀를 뽑을 듯이 진공청소기처럼 빨아들이는 남자들이여, 주의하시라.

첫 키스를 나눌 때 남자들에게 꼭 한 가지 얘기하고픈 것이 있다. 많은 남자들이 키스나 혹은 가벼운 애무를 여자가 허용하고 또 좋아하면 섹스까지도 원한다고 생각해버리는데, 완전히 잘못된 판단이다. 키스 도중 여자의 호흡이 거칠어지고 미세한 신음 소리가 난다고 해서 그것을 침실로 가자는 신호로 받아들여서는 곤란하다. 특히 처음 나눈 키스라면, 키스는 키스만으로 끝낼 것을 권한다.

그럼 키스는 얼마나 오래 하는 게 좋을까? 물론 느낌대로 하되, 키스를 시작한 쪽이 남자니까 멈추는 쪽도 남자 쪽이라면 좋겠다. 여자가 숨차서 떼기 전에 남자가 먼저 입술을 살짝 떼주는 것이 매너 있게 느껴진다. 그런 다음 이마에 가볍게 키스해주고 부드럽게 잠시 안아주면 완벽하다. 섹스를 나눌 때처럼 말이다. 이때 마음에 담긴 어떤 어여쁜 말을 건넨다면, 여자에게는 평생 잊지 못할 날카로운 첫 키스가 될 것이다. 여자 또한 눈을 반짝이며 기쁘고 수줍게 웃어 보인다면 남자에게도 잊지 못할 키스가 되리라.

물론 키스에 매뉴얼은 없다. 위의 내용을 참고하여 기본은 지키되, 창의적인 나만의 키스를 누린다면 좋겠다. 낭만적이면서도 치명적인, '작은 섹스'와도 같은 당신의 키스를 응원한다.

The Most Useful Psychology For Love

2장

좋아하는데 왜 안 자? 동의와 거절 사이

드라마를 보면, 남녀가 약간의 케미가 생긴 상태에서 술 먹고
우당탕 잠자리를 하고는 다음날 뻘쭘해지는,
그래서 줄행랑치는 장면이 클리셰처럼 자주 등장한다.
그러고 나서 결국 두 사람은 달달한 연인 관계로 발전한다.
하지만 드라마는 드라마일 뿐,
현실 속에서 우리는 그렇게 쿨하지 못하다.
또한 상대방에 대한 운이 늘 그렇게 좋은 것만도 아니다.
그렇다면, 섹스에 최적의 타이밍이라는 게 있을까?
'지금 만나는 사람이 마음에 든다.
나는 섹스 경험이 있고 또 즐거워하기도 하는 사람이다.
하지만 상대방이 나를 너무 쉽게 생각하는 것은 싫다.
어떤 식으로든 섹스의 타이밍 때문에 상처받고 싶지는 않다.'
이런 생각을 많이들 할 것이다.
너무 쉽지도,
혹은 너무 기다리다가 지치지도 않는
그 최적의 타이밍은 어디쯤일까?

♡
♦
●

언제 자야 할까?
기준점 3가지

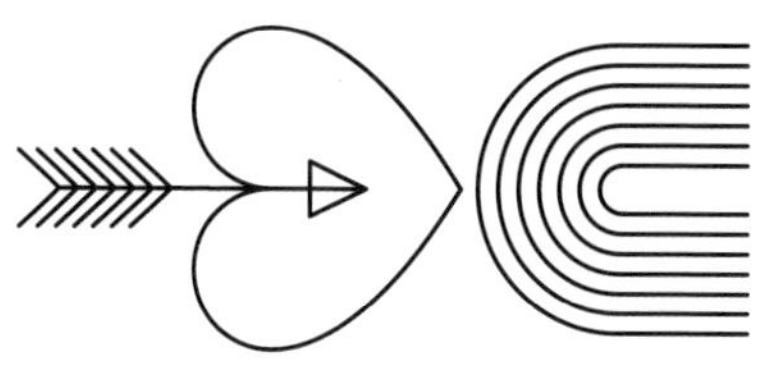

다음 페이지의 그림을 보자. 윌리엄 호가스William Hogarth라는 중세 시대 영국 화가의 그림이다. 300년 전 그림인데도 남녀의 심리는 지금과 별반 다르지 않다는 사실에 웃음이 나온다. 작품의 제목부터 심상치 않다. 두 작품을 연달아 소개할 텐데 제목은 각각 〈전Before〉과 〈후After〉다.

그 남자 그 여자의 전후 사정

두 사람은 부부는 아닌 것 같다. 잠자리 직전 상황을 묘사한 위 그림을 보면 남자는 애를 태우는데 여자는 망설여지고 두려운 마음에 남자를 밀쳐낸다. 남자는 상당히 완력을 쓰고 있다. 바지는 잔뜩 부풀었고 얼굴은 빨갛게 상기되었다. 얼마나 밀어붙였는지 화장대가 쓰러지고 강아지는 불안해서 짖으며 이리 뛰고 저리 뛴다.

아마도 두 사람은 부적절한 관계가 아닐까 싶다. 여자는 무엇을 두려워할까? 지금 거절하면 이 남자의 사랑을 놓칠까 두렵고, 지금 받아주면 남자 맘이 변할까 걱정된다. 만약 두 사람이 떳떳한 관계가 아니라면 동네에 소문이라도 나서 곤욕을 치를까 무서울 것이다. 이런 여러 가지 생각들이 순간적으로 머릿속을 뒤죽박죽으로 만드는 듯하다.

그럼 이 두 사람이 섹스 후에는 어떻게 되었을까?

이제 두 사람의 보디랭귀지가 완전히 반대가 되었다. 남자는 볼일 다 본 표정이다. 눈에 초점도 없고 영혼도 없다. 반대로 여자는 남자에게 집착이 생긴 듯한 모습이다.

'내가 손해 본 거 아니야?' 하는 느낌, 그리고 그게 사실이 아니길 바라는 마음이 느껴진다. 이 사람이 내 몸만 원한 것은 아니리라 믿고 싶겠지만, 남자는 사랑은 아니었던 듯 벌써부터 여자를 신경 쓰지 않는 멀끔한 표정이다. 아마도 여자는 이 남자와의 잠자리를 후회할 것만 같다.

그렇다면 언제라도 후회하지 않는 섹스란 어떤 것일까?

다음의 세 가지 기준을 충족한다면 적어도 후회는 하지 않을, '괜찮은 섹스'가 아닐까 한다.

'지금 이 순간'의 동의를 구하라

첫 번째는 충분한 동의다. 서구 문화권에 비해 우리는 성에 대해 더 보수적인 경향이 있다. 보수적이기 때문에 내가 어디까지 원하는지를 분명히 밝히는 것을 부끄럽게 생각한다. 보수적일수록 동의도 거절도 선명해야 할 텐데, 오히려 그 반대라는 사실이 아이러니하다.

남자는 스킨십이 일단 시작되면 끝까지 가고 싶어 한다. 둘만 있는 은밀한 공간에서 스킨십이 시작되었다면 이미 여자도 원한다고 생각해버리는 경우가 많다. 그리고 여자가 이 상황을 허용했다는 자체로 '성적 동의를 얻었다'라고 쉽게 판단한다. 보통의 경우 이건 악의가 있어서가 아니라, 주변(예를 들어 공대 선배)의 진지한 조언 때문에 잘못된 학습을 한 탓이리라.

"남자는 무조건 직진이야! 여자는 밀어붙이는 걸 더 좋아해!"

만약 주변에 이렇게 말하는 선배가 있다면 99퍼센트의 확률로 '모쏠'일 것이라 장담한다.

이렇게 어느 지점에서 남자와 여자의 의사가 어긋나곤 한다. 여자는 키스 정도를 생각했는데 분위기에 휩쓸려 조금 더 진한 스킨십을 즐길 수 있다. 하지만 섹스는 '조금 더 진한 스킨십'의 범위에 포함되지 않는다. 지금까지의 스킨십이 예쁜 돌계단을 차근차근 걸어온 것이었다면 섹스는 까마득한 낭떠러지 위에 걸린 흔들다리만큼이나 머나먼 차원이다. 그래서 남자를 벌컥 밀어내며 거절 의사를 표현하기도 한다.

이때 남자가 '어라? 웬 내숭이야?' 내지는 '좋으면서 괜히 그러는 거 아니야?'라고 넘겨짚는다면 완전히 소통이 잘못된 것이다.

"여자도 지금까지 스킨십을 좋아하고 즐겼잖아요!"

이렇게 항변할 수 있다. 사실이다. 아마 그랬을 것이다. 하지만 지금까지 그랬더라도 여기서부터는 다르다. 남자와는 다르게 끝까지 가는 것은 싫을 수 있다. 섹스 이후의 복잡미묘한 상황뿐 아니라 임신의 가능성까지 염두에 두어야 하므로 순간적으로 "안 돼!"라는 마음의 소리가 터져나오며 좋아하는 남자를 발로 걷어차 버릴 수도 있다.

여기서 중요한 것은 분명한 의사표시다. 어느 한쪽이라도 자신의 입장을 선명하게 밝히고 상대에게도 물어봐야 한다. 간혹 이렇게 투덜대는 남자들을 본다.

"여자친구가 지난번에 거절하면서 다음번에는 꼭 하자고 그랬거든요. 근데 이번에 또 안 된대요. 이거 의리 없는 거 아닌가요?"

다음에 만나서 김치찌개 먹자고 약속했는데, 막상 만났더니 먹기 싫어질 수도 있는 일이다. 섹스에 대한 동의도 마찬가지다. 꼭 지켜야 하는 약속으로 생각해서는 안 된다. 다른 어느 때가 아니라 '지금 이 순간'의 확신과 동의를 반드시 얻어야만 한다.

옷을 벗자마자 입게 되는 사태를 막으려면

두 번째 기준은 안전이다. 최근에 만난 사이든, 3년이 넘은 커플이든 관계 전에 꼭 나누어야 하는 대화가 있다.

"누가 위로 가나요?"

땡! 틀렸다. 바로 '피임은 어떻게 할까'이다. 피임 방법에 대해서 정확하게 미리 대화해야 한다. 가장 좋은 방법은 남자든 여자든 데이트할 때 콘돔을 휴대하고 그 사실을 공유하는 것이다. 모텔에 비치된 콘돔은 유효기간이 지났는지, 소재가 어떤 것인지 알 수 없다. 그러니 연인끼리 다양한 종류의 콘돔을 함께 골라서 구입하면 좋겠다. 편의점이나 성인숍에 손잡고 들어가서 콘돔 쇼핑하는 것이 쑥스럽다면 온라인 쇼핑도 있으니 염려 말라.

"얇은 콘돔? 딸기 맛 콘돔? 오늘의 맛을 고르세요."

색다를 뿐 아니라, 본인과 파트너를 배려하는 최고의 매너라 할 수 있다.

혹시 독특한 잠자리 취향이 있다면 이것도 미리 이야기해야 옷 벗고 도망가는 일이 없다. 한 사람의 취향이 다른 사람에게는 낯설게 느껴지고 거부감을 일으키기도 한다.

갑자기 엉덩이를 찰싹 때린다거나, 10분 동안 발가락에만 키스한다면 거부감을 넘어 조금 무서워진다. 한 남자 내담자는 말하기를, 여친이 관계 도중 목을 졸라 달라고 해서 따랐는데 두고두고 그 장면이 떠오르고 죄책감이 느껴진다고 했다. 조금이라도 특이한 성향, 예를 들어 SM이나 패티시 성향이 있다면 옷 입은 상태에서 오픈하라.

생식기 관련한 질병이 있다면 당연히 관계 전에 치료해야 한다. 외국의 경우 섹스 상대에게 성병이 있는지 확인할 수 있는 시스템을 갖춘 나라도 있다. 그래서 어느 날 "당신은 오늘 헤르페스 감염자와 잠자리를 하였으니 병원 진료를 받으시기 바랍니다." 하는 문자를 받을 수도 있다. 우리나라에도 반드시 도입되었으면 하는 시스템이다.

'너의 섹스'와 '나의 섹스'가 다르다면?

세 번째, 내가 충분히 즐거운지를 확인해야 한다. 누군가와 섹스를 하는 것은 선택이다. 그리고 그에 따르는 감정적인 책임도 내 것이다.

호가스의 그림에서처럼 남자의 본심이 내가 기대하는 바가 아니었다고 해서 세상이 무너지는 것은 아니다. 만약 내가 즐거웠다면 다행이고, 남자의 본심을 빨리 알았다면 그 또한 다행이다. 잠자리 한 번으로 많은 것을 잃는다는 생각을 할 필요가 없다.

무엇보다 내가 행복하고, 정신적으로도 건강한 상태가 훼손되지 않는 방식으로 즐겨야 한다. 때로는 나와 상대방이 생각하는 '섹스의 의미'가 다른 경우도 있다. 나에게 섹스란 서로의 사랑을 확인하는 의식인데, 상대방에게는 자신의 능력을 확인하는 즐거움일 수도 있다. 애정 없는 섹스가 가능한 사람이 있고 그렇지 않은 사람이 있다. 나의 파트너가 어느 쪽인지 아는 것은 생각보다도 중요한 일이다. 이 과정에서는 무조건 진실해야 한다.

이렇게 서로가 정의하는 섹스에 대해 이야기를 나누고 알아보는 과정이 필요하다. 서로의 기준이 다르다면 나에게 섹스는 즐거움이 될 수 없다.

가장 나다운 섹스의 기준을 세우시길, 그리하여 썩 괜찮은 섹스를 후회 없이 누리시길 바란다.

♡
♦
●

더 좋은 섹스를 위한 'NO'

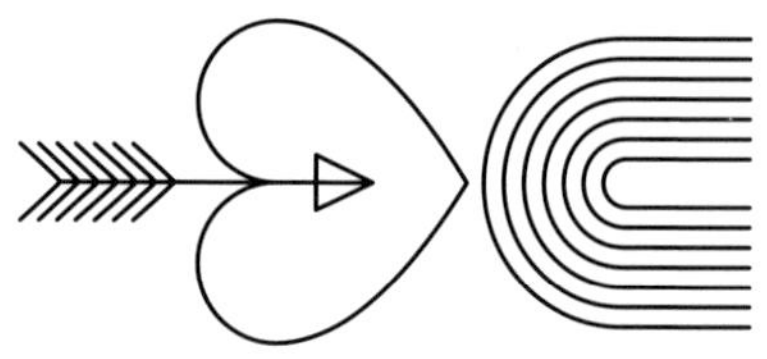

남자는 수시로 들이대고, 여자는 이리저리 재고 망설인다. 남녀 사이 이토록 분명한 스킨십의 간극은 300년 전 호가스의 그림 속 커플뿐 아니라, 훨씬 더 오랜 시간을 거슬러 최초의 인류가 동굴을 전전하던 시절에도 존재했다. 애초에 남자와 여자는 무엇이 달랐을까?

우리의 욕망은 아직도 동굴 속에

당시의 남자들은 자기 자손을 조금이라도 더 많이 남기기 위해 안간힘을 썼다. 억센 경쟁자들을 물리치고 가까스로 얻어낸 섹스의 기회를 절대 놓칠 수 없었다. 따라서 여자들이 조금의 틈만 보여줘도 어떻게든 섹스로 연결 지으려 했으리라.

반면에 여자들의 입장은 달랐다. 임신과 출산을 겪게 되면 최소 3~4년은 무력한 아기를 키우며 자원을 스스로 구하지 못하는 상태로 버텨야 했다. 가임기를 계산할 수 없거나 피임의 방법을 몰랐다면, 섹스 한 번이 곧 생존과도 직결되는 문제가 되었으리라. 따라서 섹스 상대를 고르는 능력은 곧 생존 능력과도 다름없었을 것이다.

그 결과 여성들은 선택하는 입장에 서게 되었다. 아무 남자나 쉽게 받아들일 순 없었다. 아기를 낳고도 금방 떠나지 않을 남자, 식량을 풍부하게 가져다주고 자상하게 가장 노릇도 잘할 수 있는 믿을 만한 남자를 골랐다.

다윈Charles Robert Darwin은 인류가 생존과 번식을 위해 진화해왔다고 설명한다. 지금도 우리는 걸어다니는 고대 문서처럼, 인류의 조상들이 번식을 위해 적응해온 방식으로 이성을 선택하고 있는지도 모른다. 인류는 400만 년의 역사를 통해 진화를 이뤘으나 인간의 욕망에 관여하는 뇌 부분은 여전히 그 시대의 모습과 기능을 유지하고 있다. 남녀의 자원이 동등해진 현대 문명의 역사는 불과 100년도 되지 않는다. 때문에 우리의 뇌지도를 당장 업데이트하고 싶어도 우리 생애에는 끝나지 않을 긴 시간이 필요하리라.

여자는 왜 거절을 어려워할까?

남녀의 사랑이 지극히 고귀한 차원에서 펼쳐지는 일인 줄만 알았는데, 원시시대 치열한 번식의 현장에서 조상들이 삶과 죽음으로 우리 DNA에 아로새긴 처절한 본능이라니 조금은 허탈하기도 하다. 하지만 진화심리학을 통해 우리는 남자가, 또는 여자가 왜 그러는지를 한층 쉽게 이해할 수 있다.

남자의 성 심리가 뜨거움과 즐거움이라면 여자의 성 심리는 따뜻함과 걱정스러움이라는 감정이 조금 더 크다. 원시시대만큼 치명적이지는 않지만, 섹스의 대가는 때때로 여성의 몸에만 책임으로 남아 인생의 지도가 달라질 수 있다. 그래서 여성은 안심할 수 있는 섹스를 원한다. 안심할 수 있는 남자, 신뢰할 수 있는 남자를 본능적으로 선호한다.

여자의 경우 연애 초보들이 가장 빈번하게 묻는 질문은 '스킨십을 어떻게 거절하는가'다. 누군가와 섹스를 한다는 것은 모든 경계 중에서도 가장 끝에 위치한 '성적 경계'를 허무는 일이며 최고의 친밀감을 표현하는 일이다. 그래서 원치 않는 방식으로 섹스를 하게 되었을 때 깊은 상처를 받는다.

보통은 좋아하는 남자가 자꾸 조르고 달랠 때 고민이 생긴다. 아직 결정을 내리지 못했는데 남자가 요구하면 거절하기 어려워하는 여자들이 많다. 그 이유는 여자가 관계성을 중요시하기 때문이다.

여자에게 부드러운 관계를 맺는 능력 역시 한때 생존의 능력이었다. 원시시대 때 젖먹이를 달고서 홀로 맹수와 맞닥뜨리는 참사를 피하기 위해서는 힘 세고 든든한 존재, 예를 들면 남자의 보호가 필요했다. 당시의 모성은 딸에게 '애착 관계를 사수해야 살아남을 수 있다'는 생존법을 전수했으리라. 맹수를 때려잡을 일이 없어진 현대에도 여자의 섬세한 공감 능력은 여전히 중요한 가치이자 생존법으로 평가받는다.

"좋아하는데 왜 안 자?"

이처럼 여성들은 본능적으로, 혹은 필요에 의해 발달한 상냥함 때문에 거절을 특히나 어려워한다. 특히나 성적 요구를 거절할 때는 남친이 실망하거나 화낼까 봐 걱정하기도 한다. 만약 내가 키스를, 혹은 가벼운 애무를 허용하지 않았다면 남친이 그렇게까지 흥분한 상태가 되지 않았을 텐데 하는, 원인 제공자로서 결자해지의 의무감마저 느낀다.

또 한편으로는 남자친구를 좋아하는데 거절한다는 것을 스스로 인지부조화라 느끼는 경우가 있다. 감정적으로 더없이 친밀감을 느끼는데 육체적으로 밀어낸다는 것이 모순 같고, 그런 점을 남자친구가 집요하게 파고들면 혼란에 빠진다. "날 좋아하면 당연히 같이 자야 하는 거 아니야?"라는 남자의 말에 설득당하다시피 하여 스킨십을 시작하는 경우가 얼마나 많은가.

하지만 기억하라. 육체적 경계를 무너뜨리는 것은, 관계의 책임을 느껴서 증명하는 노력이어선 안 된다. 압박감이 느껴진다면 그 압박감이 해소되도록 노력해야 할 책임이 다른 한쪽에도 엄연히 있음을 생각해보자.

또한 서로 좋아한다고 느낀다 해서 심리적 거리가 충분히 가까운 것이 아님을 알아야 한다. 섹스가 가능할 정도의 심리적 거리란, 서로에 대해 충분히 알고 애착이 생겨서 편안함과 믿음이 형성된 상태를 말한다. 만약 그 정도로 심리적 거리가 가깝지 않다면 이때는 여기에 육체적 거리를 맞추어야 한다.

"야, 이 짐승아!"보다 현명한 거절의 어법

만약 심리적 거리가 충분히 가깝지 않아 거절하게 된다면, 어떤 방식이 좋을까?

거절이 상대방에 대한 거절이 아니고, 두 사람의 관계에 대한 거절도 아니며, 섹스에 대한 영원한 거절은 더욱 아니라는 것을 분명히 해주는 방식이면 좋겠다.

나쁜 방법은 "야, 이 짐승아! 너 이러려고 나 만나는 거야?" 혹은 "너 결국 나한테 원하는 게 섹스였어?"처럼 비난이 담긴 거절이다.

또 다른 나쁜 선택은 단순한 'NO'다. "나는 너랑 하기 싫어"라고 말한다면 "나 너 싫어"와 마찬가지로 받아들일 수 있다. 'No Means No' 캠페인도 있지만 이것은 위압적이거나 폭력적인 상황에서 여성의 단호한 외침이 필요한 경우에 해당한다.

방금까지 꿀 떨어지던 남친에게 칼같이 단호한 'NO'는 마음의 상처다. 이런 실수는 빈번하며 타격감은 엄청나다. 남자는 늘 직진만 할 것 같고 단순해 보이지만, 매몰찬 거절에는 마음의 상처를 받는다. 그것이 차후의 육체관계와 남성의 기능에까지 안 좋은 영향을 미치기도 한다.

누구도 상처받지 않는 좋은 거절 어법을 분명히 찾을 수 있다.

"나도 자기랑 섹스하면 어떨지 기대하고 있어. 하지만 지금은 너무 빠른 것 같아. 내가 준비될 때까지 기다려줄 수 있지? 그렇게 오래 기다리게 하진 않을 거야."

이렇게 차분하고 진지하게 말하는 것이다. 비난이나 혐오의 느낌은 조금도 들지 않는다.

그래도 남자가 물러서지 않고 징징거림을 섞어 강요해올 때도 있다.

"키스만 하고 마니까 너무 힘들어서 그래", "너무 참아서 배가 아파"라며 신체적 고통을 호소하기도 한다. 설사 섹스를 참아서 어디가 아프다 하더라도 그것을 여자 쪽에서 풀어줘야 하는 것은 아니다. "그럼 이제부터는 키스도 하면 안 되겠네." 하고 선을 긋자. 이 남자가 나와의 관계에서 목적이 무엇인지를 생각해보아야 할 대목이다.

물론 동의는 남자만 여자에게 구하는 것은 아니다. 상호 간에 구해야 하는 것이다. 여자들은 자신만 괜찮으면 남자는 언제나 준비되어 있다고 착각하기 쉽지만 남자도 상황에 따라 몸과 마음이 위축될 때가 있고 그래서 거절하고 싶을 수 있다.

섹스의 동의를 구하는 과정은 연애에서 굉장히 중요하다. 그 과정에 서로를 존중하고 배려하는 마음을 느끼면서 신뢰라는 것이 쌓이고 이것을 바탕으로 더 깊은 애정이 자라난다. 이것들이 섹스의 밥이다.

'No'와 'Yes'의 경계가 딱딱할 필요는 없다. 유연하게 생각하되 내가 허용할 수 있는 거리에 대해서는 넉넉히 가늠하자. 그 거리를 조절하기 위해 어떤 순간 어떤 말을 할 것인지도 미리 연습해보자. 이제 당신의 경계는 부드러우면서도 견고하게 당신과 연인의 관계를 지켜줄 것이다.

♡
♦
●

여자가 성욕을 느끼는 순간

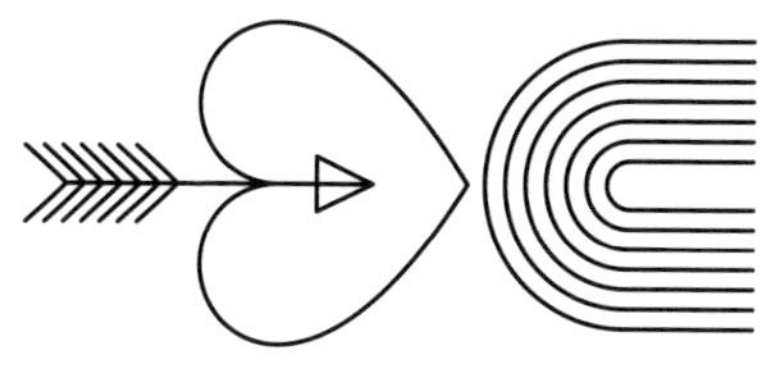

남자들이 많이 묻는 질문 중 하나는 '여자의 성욕'에 관한 것이다. 여자도 남자에게 불쑥 성욕을 느끼는지, 어느 순간 남자를 섹시하게 느껴 당장이라도 자고 싶다고 느끼는지를 궁금해한다. 물론 여자도 남자들처럼 감정적으로 사랑을 느낄 때 육체적으로도 달아오를 수 있다. 그리고 때로는 아무 생각도 없던 남자에게 한순간 '훅' 하고 섹시함을 느끼기도 한다.

여자가 혹하는 그 순간에 대해 이야기해보자.

비누 향 너머 그 남자의 냄새

여자는 유독 후각에 예민하다. 유명한 심리학 실험 중 '티셔츠 실험'이 있다. 누군지 모르는 남자들이 입고 있던 티셔츠를 여자들에게 주고서 냄새를 맡고 호불호를 묻는 실험이다. 연구팀은 티셔츠 주인인 남자들의 정보를 분석해보고 두 가지 중요한 사실을 발견했다. 하나는 여자들이 자신과 먼 유전자 정보를 가진 체취를 좋아했고, 또 하나는 신체가 대칭적인 남자의 체취를 더 매력적이라고 말했다는 것이다.

진화심리학에서는 건강한 아이를 갖는 것이 여자들의 생존 본능이기 때문에 질병이 없는 건강한 이성을 후각으로 알아내는 방법을 본능적으로 발달시켰다고 설명한다. 실제로 여자들은 관심 가는 남자를 만났을 때 자기도 모르게 체취를 확인하고 그 냄새가 좋으면 아주 중요한 부분이 잘 맞는다고 느껴서 무의식적으로 안도한다.

남자가 여자의 긴 생머리에서 풍기는 향긋한 샴푸 냄새에 로망이 있는 것과는 조금 다른 이야기일 수 있다. 남자가 너무 과한 향수나 스킨 냄새를 풍기는 것보다, 그 남자만의 체취가 나의 취향을 저격할 때 여자는 "이 냄새야!" 하고 찬탄한다. 은은한 비누 향 너머 그 기분 좋은 냄새를 풍기는 남자의 목덜미에 한순간 코를 대보거나, 허리를 살짝 끌어안는 상상을 하기도 한다.

상상을 불러일으키는 남자의 일상 속 몸짓

우리나라 사람들은 음주 가무에 능하다. 예로부터 아주 멋진 몸의 움직임을 타고난 민족이다. 그런데 아쉽게도 광란의 나이트 말고는 춤을 출 장소가 별로 없다. 열정적인 남미에서는 길거리 곳곳에서 살사 공연이 펼쳐지고 브라질에서는 매년 삼바 축제가, 아르헨티나에서는 전국적인 탱고 축제가 열려 누구든 어우러져 춤을 추곤 한다. 리드미컬하게 움직이는 몸만큼 사람을 흥분시키는 것이 또 있을까.

남자들은 잘 모르겠지만, 여자는 남자의 춤추는 모습

을 굉장히 멋있고 섹시하게 생각한다. 어디선가 음악이 흘러나올 때 괜찮은 남자가 가볍게 고개를 끄덕이며 박자를 맞추거나, 발끝을 움직이며 리듬을 타는 것만으로도 공기가 미묘하게 바뀌는 것을 여자는 느낀다. 주의사항. 음악과 상관없이 제멋대로 삐걱대거나, 너무 자아도취 되어 뮤지컬 공연을 펼치면 곤란하다.

연인 사이라면 집에서 데이트할 때 분위기 있는 음악을 틀어놓고 살짝 껴안은 채 리듬을 타보자. 두 사람 사이에 에로티즘이 불꽃처럼 일어나 잠시 후에는 침대 위에서 함께 춤을 추게 될 것이다.

꼭 춤이 아니더라도 몸 잘 쓰는 남자는 섹시하다. 여자보다 신체 능력이 탁월한 남자가 운동하는 모습은 더없이 매력적이다. 남자가 빠르게 달리는 모습을 보면 여자도 덩달아 숨이 차면서 두근거리고, 무거운 것을 들어올리는 모습에서는 자신을 안아올리기라도 한 듯 심쿵해진다.

또한 근육을 드러내고 중량을 들어올리는 노골적인 장면보다는 일상에서 자연스럽게 포착되는 남자다운 몸짓에 여자는 열광한다.

드라마 〈응답하라 1994〉에서 재준이 축구 시합에 나서기 전 티셔츠를 벗어 나정이에게 맡기는 장면이 나온다. 나정이는 재준의 티셔츠를 뒤집어쓰고 그가 축구하는 모습을 지켜본다. 그녀는 무슨 생각을 했을까?

여자가 꿈꾸는 첫날밤이 궁금하다면

오래전 돌쇠는 "마님!"을 부르며 애먼 장작을 팼다. 돌쇠의 고뇌는 현대의 드라마나 영화 속에서도 새롭게 변주되어 되풀이된다.

남자가 좋아하는 여자와 우연히 밤을 보내게 된 상황. 아무것도 모르는 여자는 남자의 팔을 베고 곤히 잠들어 있고, 남자는 홀린 듯이 여자에게 슬그머니 몸을 기울이다가 "내가 지금 무슨 짓을 하는 거야!" 하며 (때로는 자기 뺨을 치며) 밖으로 뛰쳐나온다. 그러고는 어쩔 줄 몰라서 달밤에 뜬금없이 운동장을 달리거나 격렬하게 팔굽혀펴기를 한다.

왜 영화에서 이런 클리셰가 오랜 세월 반복되는 걸까? 바로, 여자의 어떤 성적 로망에 부합하기 때문이다. 여자는 좋아하는 남자가 자신에게 강렬한 성적 욕망을 품기를 바란다. 그러나 그것을 직설적으로 표현하지 않고 애써 억누르는 모습이 비칠 때 '나를 지켜준다'라는 감성까지 더해져 복합적인 섹시함을 느낀다. 그럴 때 여자의 머릿속에서는 남자와의 이후 진도가 파노라마처럼 흐뭇하고 디테일하게 펼쳐지곤 한다.

영화 〈매직 마이크Magic Mike〉에서처럼 초콜릿 복근의 남자가 청바지 지퍼를 풀어헤치고 허리를 앞뒤로 흔들 때도 물론 여자들은 환호한다. 그것이 멋진 퍼포먼스에 대한 찬사라면, 내가 좋아하는 남자가 나를 강렬히 원하는 모습을 은밀히 '들킬' 때, 남자의 머뭇거림과 간절함이 동시에 느껴질 때, 여자는 내적 동요를 일으킨다.

여자들 사이에 29금 명장면으로 입소문 나서 꼬리에 꼬리를 물고 추천과 기립박수가 이어졌다는 미국 드라마 〈아웃랜더Outlander〉의 첫날밤 씬을 보자. 여기서 남자들은 힌트를 얻을 수 있을 것이다. 이 장면은 여자들의 성적 로망을 그야말로 완벽히 담아냈다.

어리고 서툰, 심지어 숫총각인 남편이 능숙한 부인과 첫날밤을 치른다. 그녀의 지시대로 남자는 옷을 모두 벗은 채 긴장한(동시에 건장한) 모습으로 그녀 앞에 선다. 매혹적인 여주가 남자를 빤히 바라보다가 천천히 다가와 그의 주변을 스르륵 한 바퀴 돈다. 여자의 손가락이 남자의 맨살에 닿을 듯 말 듯, 탄탄한 팔과 엉덩이, 허벅지를 차례로 스치는 순간 남자는 그녀를 향한 욕망을 꿀꺽 삼킨다. 이후 두 사람의 억눌렀던 욕망이 어떻게 분출되는지는 드라마를 통해 감상하시길 바란다. 여자에게는 그 어떤 포르노보다도 더 야하게 느껴지는 장면이다.

끝까지 수줍어 여성에게 주도권을 맡기는 남자를 말하는 것이 아님을 잘 알리라. 여자의 판타지 속 수줍은 남자는 마지막 순간 저돌성을 보이는 반전미가 있다. 수줍게 여자를 들어올리고, 수줍게 거칠어지는 남자를 기대하는 여자의 심리. 이 '은근함의 미학'을 아는 남자들에게 뜨거운 밤이 선물처럼 찾아온다는 것을 기억하라.

마음은 옹녀, 몸은 숙녀인 여성들을 위한 팁

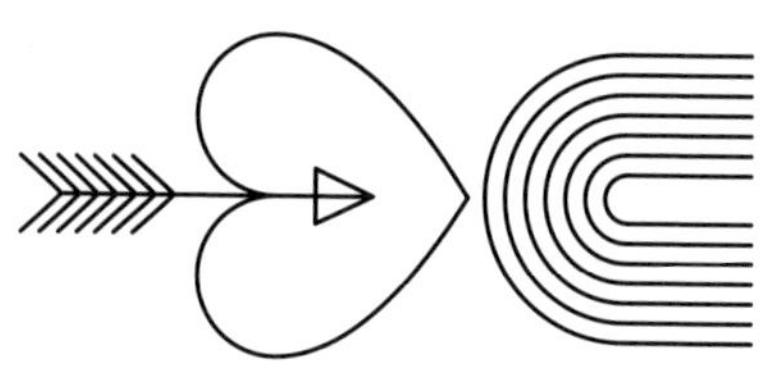

마음은 매릴린 먼로인데 몸은 그 정열을 100분의 1도 표출하지 못해 스마트폰의 AI 비서 수준으로 반응하는 여성들이 있다. 여자도 사랑하는 사람과의 섹스에서 좋은 감정을 표현하고 싶고 요구도 하고 싶지만 현실적으로 어려움을 느끼는 경우가 많다.

남자들은 잠자리에서 여자가 얼마나 좋아하는지를

너무도 확인하고 싶어 한다. 그리고 연인이 무엇을 좋아하는지 알아내어 100퍼센트의 만족감을 선사하길 원한다. 하지만 남자가 그럴수록 여자는 뭘 어떻게 해야 할지 몰라서 침대 위에 두 손 모으고 멀뚱멀뚱 누워 있게 되곤 한다. 좋긴 한데 너무 부끄러워서 도저히 입이 떨어지지 않는다고 많은 여성들이 고민을 털어놓는다. 그렇게 몸과 마음의 괴리가 큰 여성들을 위해 이번 이야기를 준비했다.

부끄러울수록 창의력을 발휘하라

잠자리에서 적극적인 여자가 좋다고 속내를 털어놓는 남자들이 많다. 침대 위의 모든 롤을 남자 혼자서 끌고 가려면 체력적으로 지치고 재미도 덜할 수밖에 없다. 여자가 구체적으로 뭘 원하는지, 지금 느낌이 어떤지 말해주면 좋겠건만 여자 입장에서는 야한 단어들이 도저히 입에 붙지가 않는다. 이런 경우 그렇게 낯선 단어를 굳이 입에 올리는 무리수까지 두지 않아도 된다.

"가르쳐줘 오늘 밤, 가나다라마바사~"

유행하는 노래 가사처럼, 암호를 사용해 타협점을 제시할 수 있다. 우리 조상들도 이런 지혜를 발휘했다. 합방하고 싶은 날에는 목각 원앙을 마주 보도록 놓았다고 하지 않는가. 우리도 강아지 인형 두 마리를 데이트하는 차 앞자리에 늘 놓아두고서 하고 싶은 날은 뽀뽀하는 모양으로 놓아보는 건 어떨까. 최소한 조선시대 여인네들만큼은 용기를 내어볼 수 있지 않겠는가.

은밀한 신체 부위를 가리키는 호칭이 부끄럽다면 애칭을 지어서 부르면 된다. 두 사람이 좋아하는 사랑스러운 것이라면 무엇이든 이름으로 쓸 수 있다. 창의력이라는 것은 이럴 때 발휘하라고 있는 것이다. 바나나, 버섯 같은 직관적인 것도 나쁘진 않겠지만 둘만의 고유한 애칭이면 더 좋겠다. 강하다고 철근이, 크다고 거봉이, 멋지다고 멋쟁이, 아니면 맛있는 메로나. 좀 장난스럽지만 사랑스럽고 긍정적인 이미지로 이름을 지어보자.

여성의 것도 충분히 작명 센스를 발휘할 수 있다. 환상적인 세계로 이끈다고 나비, 이상한 나라에 온 것 같다는 뜻으로 앨리스, 귀엽다고 요미, 섹스 심벌 샤론 스톤 언니의 이름을 따서 샤론. 미국 시트콤 〈프렌즈Friends〉에서 모니카는 자신의 그것을 '플라워'라고 불렀다. 너무도 예쁜 별칭이다. 이는 1장에서 소개한 앵커링이라는 심리 기술에도 해당한다. 일반적인 사물에 둘만의 특별한 이름을 붙이면 그 단어를 떠올릴 때마다, 그리고 그 물건을 볼 때마다 상대방과의 에로틱한 순간이 떠오르지 않을 수 없다.

눈빛으로 나누는 밀어

수줍은 여성들도 충분히 시도할 수 있는 또 다른 도전은 바로 눈맞춤이다. 눈만큼 많은 것을 이야기할 수 있는 신체 부위가 또 있을까. 침대에 마주 앉아 서로의 눈을 바라보는 것만으로도 사랑의 호르몬 옥시토신이 분비되고 두 사람 사이의 에너지 교류가 시작된다. 섹스 도중에도 눈을 계속 맞추면서 상대방의 감정을 느끼는 것은 서로에게 엄청난 감정적 자극을 준다.

관계 도중 좋다는 느낌을 말로 표현하는 게 너무 부끄럽다면 눈을 맞춘 채 고개를 끄덕끄덕해보라. 내 여자의 눈빛에서 '당신을 원하고 좋아한다'는 메시지를 감지하면 남자는 정신이 아득해질 것이다. 동양인들이 눈맞춤을 상당히 어색해하는데 잠자리에서만큼은 아주 중요하다. 이렇게 형성된 두 사람의 유대감은 다음번 관계를 더 기대하게 만들어준다. 잠자리가 끝난 후에도 한풀 식은 눈빛이 아니라 충만하고 기쁜 눈빛으로 바라보는 것을 잊지 말라.

끌려가지 말고 끌어오라

마지막 도전은, 단 한 번만이라도 주도적인 제스처를 해보라는 것이다. 섹스 중간에 두 손으로 남자의 턱을 들어올려 키스해보라. 아니면 몸의 자세를 먼저 바꿔보는 것도 좋은 방법이다. 지식이 많지 않아 어떤 포즈를 취해야 할지 모르겠다면 너무 무리하지 말고 자세를 살짝만 틀어도 색다른 포지션이 된다.

가끔은 에로틱한 영화나 19금 드라마를 함께 볼 것을 추천한다. 주인공들이 사랑을 나누는 모습 중에서 따라하고 싶은 장면을 유도해보라. 중요한 장면에서 남친의 애칭을 불러보자.

"거봉이 나와라, 오버!"

섹스는 몸을 쓰는 행위이므로 무엇보다 자신의 신체에 자신감을 갖는 것이 중요하다. 평소에 요가나 필라테스 같은 운동을 꾸준히 하면 몸을 쓰는 것이 자연러워지고 자신감도 생긴다. 꼭 몸매가 날씬해야 한다는 의미가 아니다. 내 몸을 내가 통제하고 있다고 느껴야 잠자리에서 뻣뻣한 보릿자루가 되지 않는다. 거울로 자기 몸을 자세히 들여다보면서 자주 예뻐해주고 평소 자기 몸에 대해 긍정적인 이미지를 가졌으면 좋겠다. 내 몸에 자신감을 가지면 두 배는 더 섹시해진다.

♡
♦
●

성감대를 찾는 첫걸음

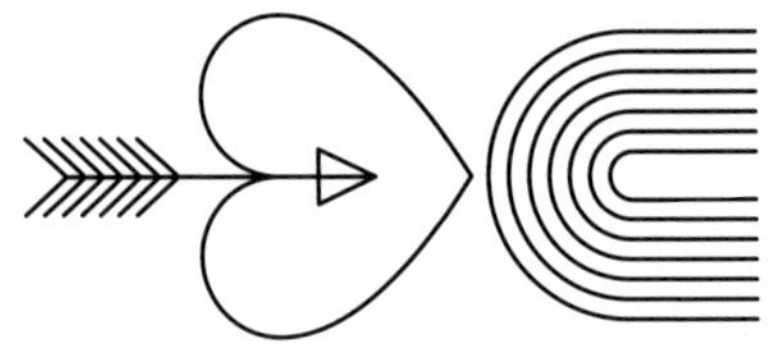

간혹 보면 연인과 속궁합이 너무 잘 맞는다며 은근히 자랑하는 친구들이 있다. 부러우면 지는 건데, 이건 부럽지 않을 도리가 없다. 속궁합이 잘 맞는다는 건 무슨 뜻일까?

내 모양과 블록처럼 딱 맞는 누군가가 있어서 마치 운명처럼 만나는 것이라 생각하기가 쉽다. 물론 서로에게 잘 맞는 사이즈라는 것이 있겠지만 그것만이 감각의 전부는 아니다.

입술이 서로 닿기만 해도 뇌를 찌르는 듯 짜릿해진다는 사람들도 있다. 그렇게 서로의 입술이나 손길이 닿는 촉감이 너무 좋다든가, 터치하는 방식이 맘에 든다거나, 아니면 상대의 체취가 유독 매력적으로 느껴진다는 경우도 있다. 사람에 따라서는 체온이 중요하다고 말하기도 한다. 여자들의 혼자놀이 기구에 온도 조절 기능이 괜히 있는 것이 아니다.

그런 기본적인 취향을 어느 정도 확인했다면 이제 본격적인 속궁합 얘기를 해보자. 속궁합이라는 게 정말 하늘에서 뚝 떨어지듯 주어지는 것일까? 실제로 두 사람의 모든 것이 잘 맞아서 첫날부터 정말 좋을 수도 있다. 하지만 처음엔 그리 좋은지 몰랐는데 반복할수록 서로 맞춰져서 어느덧 환상의 궁합으로 거듭나는 사람들이 훨씬 더 많다.

하룻밤 만이든, 열 밤 만이든 속궁합 잘 맞는 사람들이 꼭 거치는 과정을 지금부터 알아보자.

성감대를 찾는 첫걸음, 말랑말랑해지기

가장 중요한 것은 확실한 성감대를 찾는 일이다. 이 말은 곧 여성의 성감대를 찾는 것이라 할 수 있다. 여성의 성감대가 건드려지면 몸으로 반응하게 된다. 피가 몰리고 체온이 올라가고 안쪽이 부풀어 남자를 자극한다. 무엇보다 상기된 여자의 표정과 소리가 남자에게 더할 수 없는 자극과 만족감을 준다. 그래서 여자의 성감이 연쇄적으로 남성의 성감에 영향을 미친다고 할 수 있다.

이건 스킬이 좋은 남자에게만 해당하는 이야기냐 묻는다면, 그렇지 않다. 누구에게나 처음은 있다. 성감이라는 것은 두 사람이 직접 경험하고 소통하면서 적극적으로 찾아야 할 무언가다.

성감을 계발하기 위한 첫 단계는 '이완'이다. 몸이 충분히 이완되어야만 신체적인 감각을 새롭게 느낄 수 있다. 오랜만의 잠자리로 두 사람 사이에 약간의 서먹함이 흐를 때가 있다. 긴장감이나 어색함을 풀기 위해서 말랑말랑한 몸 상태를 먼저 만들 것을 권한다.

서로 마사지해주는 것은 좋은 방법이다. 등이나 어깨,

아니면 발만이라도 서로의 몸을 부드럽게 풀어주자. 향기 좋은 오일이 있으면 더 좋겠지만 없어도 상관없다. 이 과정은 서로 원한다는 동의를 확인하는 시간이기도 하다. 여기에 가벼운 와인이라도 한잔 곁들인다면 금상첨화다. 만약 소주잔을 기울이다가 술에 완전히 취해버렸다면 다음 날 아침을 노리시길 바란다. 밤새 대화하느라 라포(두 사람 사이의 친밀감 또는 신뢰관계)가 쌓이고 마음이 말랑해진 만큼 육체적인 만족도도 한층 높아질 것이다.

세 군데 정류장에만 머물지 말라

몸이 이완되면 애무의 단계로 넘어간다. 대부분의 남자들이 애무의 기본을 원, 투, 쓰리로 알고 있으며 그렇게 평범하고도 획일적인 방식을 고수한다. 아마 다들 비슷한 영상을 보고 배운 탓이 아닐까 한다. 물론 원, 투, 쓰리가 기본이긴 하지만 귀, 목, 등, 허벅지는 섭섭해서 어떡할까. 포, 파이브, 씩스, 세븐 등 정거장은 무궁무진하다. 여자가 느끼는 신체 부위는 제각각이건만 평생 단 한 번도 터치되지 않는 곳들도 많다.

내 지인들만 해도 어떤 친구는 귀르가즘을 느낀다고 하고, 어떤 친구는 발목이 그야말로 아킬레스건이라고 고백한다. 그러니 남자들이여, 손으로 가볍게 만져보고 움찔한다면 입술을 지그시 대보라.

여성이 오르가슴을 느끼는 대부분의 성감대는 클리토리스와 질이다. 사람마다 조금씩 위치가 다를 수 있으므로 연구자 같은 태도와 탐험 정신이 요구된다. 질 입구에서 앞쪽으로 3~4센티미터 정도에 지스팟이 있다고 흔히 얘기하는데 이것은 없는 사람도 있고, 질 안의 다른 곳에 성감대가 있는 경우도 있고, 더러는 여러 군데에 있는 사람도 있다. 그래서 함께 찾아가고 맞춰가는 과정이 중요하다. 문마다 맞는 열쇠가 다른 법이다.

그렇다고 남자들은 "좋아?"라고 단순하게 계속 묻지는 말아줬으면 한다. 그러면 여자는 수줍어서 "응." 하며 끄덕끄덕하고 만다. "여기가 더 좋아? 어디가 제일 좋아?" 이렇게 물어보면 대답하기가 한결 수월하다.

여자들도 몸이 주는 즐거움에 대해 호기심을 가지고서 좀 더 자연스럽게 반응한다면 좋겠다. 목욕탕에서 때를 밀 때는 협조 잘하지 않는가. 세신사가 박수를 '짝짝' 치면 알아서 몸을 뒤집듯이, 연인에게도 적극적으로 협조해보자.

한편 남자의 성감대는 더욱 무시되기 쉽다. 남자들이 행위에 집중하는 경향이 있어서 그런지, 남자의 정류장은 단 하나뿐이라 여기는 여성들도 많다. 그가 생각도 못 했던 성감대를 찾아준다면 그녀의 섹시함은 남자의 뇌리에 천국의 경지로 각인될 것이다.

지금보다 훨씬 더 황홀하고 멋진 관계를 누릴 수 있는 연인들이, 조금의 시도가 부족해서 섭섭한 밤을 맞이하지 않았으면 한다. 몸과 마음 모두를 맞춰가는 것이 사랑의 여정이리라. 두 사람의 환상적인 궁합이 완성되는 그날까지 느릿하게 조금은 소란스럽게, 둘만의 여정을 누리시기를.

섹스가 뭐 어때서?

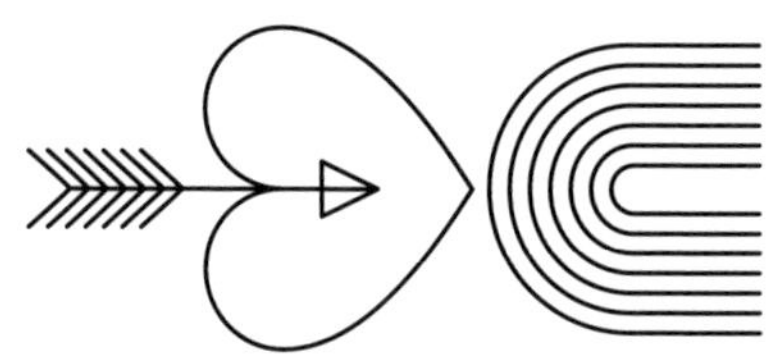

성 문화의 역사를 보면, 특이하게도 시대순으로 발달해 오지 않았다. 적어도 관념적인 부분에서는 그렇다.

우리나라 옛 풍습에 관한 문헌을 보면, 마을의 복을 비는 축제가 열리면 남녀가 뒤섞여 쾌락을 나누었다는 기록이 나온다. 당시의 정월대보름은 현대의 밸런타인데이 저리 가라 할 정도로 뜨거운 '연인들의 날'이었다. 신라 시대에 시작된 탑돌이 풍속을 보자. 청춘남녀가 정월 대보름에 탑을 돌다 눈이 맞으면 사랑을 나누었다고 하는데, 어찌나 염문이 끊이질 않았는지 조선 시대 세조가 금지령을 내릴 정도였다.

실제로 삼국시대에는 혼전 관계나 혼외 관계에 대해 21세기인 지금보다도 사회적으로 더 관대했던 모습을 볼 수 있다. 조선시대에 극한의 정숙주의가 특히나 여성들에게 강요된 잔상이 현재의 대한민국을 살아가는 우리에게도 여전히 드리워 있는 듯하다.

서양에서도 기독교의 금욕주의가 지배했던 중세는 인간의 성을 가두고 억압하는 슬픈 본능의 시대였다. 그 끝자락에 심리학자 프로이트Sigmund Freud가 등장했다. 인간 행동의 원인은 '성 에너지'이며, 성적 욕망이 억눌렸을 때 정신병리적 증상이 나타난다고 주장했던 그의 학설은 '인간 정신의 역사'에서 혁명과도 같았다.

프로이트는 인간 정신을 성 본능인 원초아Id와 도덕적 이성인 초자아Superego, 그리고 둘 사이를 중재하는 자아Ego로 구분했다.

예를 들어 당신이 매력적인 직장 동료와 단둘이 술을 마시는 상황을 생각해보자. 당장 호텔로 가고 싶다는 본능이 원초아다. 이때 자아가 나서서 내일 출근하면 곤란해질 상황을 상기시키며, 일단 호흡을 가다듬고 본능을 지연해보자고 현실적 조율을 시도한다. 혹은 공과 사를 구분 못하는 이런 짓은 부적절하다며 준엄하게 본능을 질식시켜 버리는 초자아가 승리할 수도 있다.

섹스가 뭐 어때서?

예고 없이 찾아오는 욕망을 우리는 어떻게 다뤄야 할까? 무탈을 선호하는 당신. 매번 초자아에게 극강의 권위를 부여한다면, 내면의 불덩이 같은 욕망은 진화되고 마는 걸까?

프로이트는 억눌린 욕망은 무의식 세계로 밀려난 채 똬리를 튼다고 말한다. 무의식 속으로 밀려난 욕망은 쌓이고 쌓여 어떻게든 분출할 기회를 노린다.

프로이트는 빅토리아 시대에 금욕주의로 억눌린 여성들의 히스테리와 불안, 우울증 등의 신경증을 치료하기 위해 장의자에 눕히고는 무의식 세계를 끄집어내고자 했다. 프로이트 이후 무려 120년의 세월이 흐른 지금까지도 많은 사람들이 성적 욕망을 스스로 억누르거나 부정하고자 한다는 사실은 서글프기만 하다.

연인과의 건전한 섹스에서 성적 쾌감을 느끼는 것에도 수치심이나 어떤 죄책감을 느낀다면, 긴 의자에 누워 자신의 내면을 찬찬히 돌아볼 일이다. 서로의 몸을 통해 순수한 기쁨을 느낄 수 있도록 마음의 빗장을 열어주면 어떨까? 성경 구절에 "하나님이 보시기에 좋았더라"라는 말씀이 있다. 인간은 있는 모습 그대로 아름답다. 그 모습에서 본연의 쾌락을 쏙 빼는 옹졸함은 이제 치울 때가 되었다.

그 남자의 심장이 튼튼하고 그 여자가 어려 보이는 이유

섹스가 정신적, 육체적 건강에 미치는 놀라운 영향에 대한 보고는 다양하다.

일단, 규칙적인 섹스를 즐기는 사람은 그렇지 않은 사람보다 평균 수명이 5년 정도 길다고 한다. 우리 건강에 매우 중요한 면역 기능도 섹스와 더불어 향상된다. 미국

윌크스대학의 학생들 112명을 대상으로 한 연구 결과에 따르면 주 1~2회 빈도로 성관계를 하는 학생들은 주 1회 미만인 학생에 비해서 면역글로불린IGA이라는 타액 속의 항체 농도가 더 높은 것으로 나타났다.

주 2회 잠자리로 심장병을 예방한다는 연구 결과는 어떤가. 미국 매사추세츠주의 남성 1,000명 이상을 16년에 걸쳐서 추적 조사했더니 주 2회 이상 잠자리하는 남성들은 월 1회 미만인 남자들에 비해 심장질환의 발병률이 45퍼센트나 낮았다.

섹스는 여성의 멘탈에도 여유를 선사한다. 잠자리 전후 파트너의 따뜻한 애무는 옥시토신 호르몬의 농도를 상승시킨다. 옥시토신은 통증을 경감시켜 실제로 많은 이들이 섹스 후 두통이 사라지는 경험을 하며, 진정제 작용으로 수면의 질이 크게 향상되기도 한다.

피부에 신경 쓰는 여성들이라면 '활발한 성생활을 하는 사람들은 실제 나이보다 5~7세 젊어 보인다'는, 영국 로얄에딘버그 병원의 연구 결과에 주목해보자. 노화의 열쇠인 텔로미어Telomere의 길이가 규칙적인 성생활을 즐기는 사람들이 훨씬 길다는 보고도 있는 것으로 보아, 섹스야말로 젊음의 열쇠임이 분명하다.

그러므로, 어떤 이유에서든 섹스를 포기한다는 답만 은 선택지에서 지웠으면 좋겠다. 성욕은 인간의 고유한 에너지이기 때문에 의식하든 의식하지 않든, 어떤 식으로든 삶 속에서 튀어나온다. 근엄하게 억압한다고 해서 "네 알겠습니다." 하는 녀석이 아니다.

무엇보다 사랑하는 사람과 나누는 섹스는 우리 일상의 거친 균열을 메워주는 단비와도 같다. 먼지 날리는 길을 다리 아프게 걷다가도 '굿 밤'의 마법으로 문득 삶의 기쁨을 하나씩 더해보시길, 바래본다.

The Most Useful Psychology For Love

3장

섹스할 때 여자가 바라는 5가지, 남자가 바라는 8가지

남자는, 그리고 여자는 어떤 섹스를 꿈꿀까?

연인이 잠자리에서 어떤 속삭임을, 어떤 몸짓을,

어떤 반응을 해주길 바랄까?

간혹 여자들은 '남자를 성적으로 만족시키는 법을 고민한다'는

사실 자체에 거부감을 느끼기도 한다.

특히 만족시킨다는 표현이 어색하고 불편하게 느껴질 수도 있다.

하지만 사랑이란

'서로의 욕구를 소중히 돌보는 것'이라 정의 내린다면

이 질문의 답은 쉬워질 것이다.

생각해보면 나의 연인이 나를 행복하게 해주려고 애쓰는 것만큼

감동적인 일은 없다.

침대 위에서라고 예외일 순 없다.

남녀 모두 이런 관점을 가지고 있어야,

가장 높은 수준의 사랑에 다가설 수 있다.

말로 꺼내기는 참 쉽지 않은 이야기.

우리가 사랑하는 사람과의 잠자리에서

진짜 바라는 것은 무엇일까?

♡
♦
●

남자가 침대에서 원하는 8가지 : 세상 모든 남자의 로망

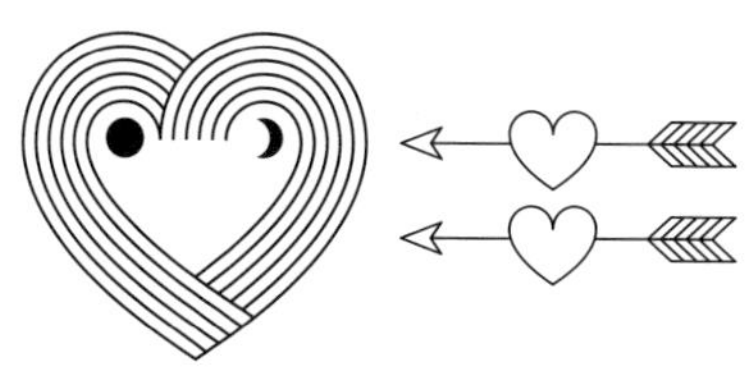

섹스는 이기기 위한 게임도 아니고, 절정에 도달해야 하는 미션도 아니다. 참방거리는 물놀이에 가깝다. 정해진 룰 같은 건 없지만, 서로 배려하고 두 사람 다 즐거워야 하는 것이 룰이라면 룰일 것이다.

잠자리에서는 주로 남자가 리드하는 입장이 된다. 여자가 별다른 노력을 기울이지 않아도 남자는 쾌락의 기승전결이 고스란히 드러나기 때문에, 여자는 쾌락에 대한 의무감에서 상대적으로 자유롭다고 느낀다. 때로는 섹스에 응했다는 자체가 자신이 맡은 역할의 전부라 여기기도 한다. '더 이상 뭘 바래?' 싶은 것이다.

그러나 남자의 심리는 생각보다 복잡하다. 무엇보다 여자를 침대 위로 이끌기 위한 노력이 눈물겹다. 몹시도 원한 것은 분명하지만, 막상 그 순간이 닥치면 사이즈, 지속력, 체위 등 '여자를 어떻게 만족시킬 것인가'에 관한 여러 가지 수행의 부담을 느낀다. 그 과정에서 둘의 케미가 남자의 사랑을 증폭시킬 수도, 돌처럼 식어가게 만들 수도 있다.

이런 부분을 헤아리고 격려하며, 함께하는 즐거움을 표현하는 것이 여자의 섹스 매너에서 핵심이 된다. 그럼 남자가 무엇을 원하는지, 구체적으로 들여다보자.

나를 원하길 바래

남자는 여자도 자신을 원하길 무척이나 바란다. 도착증이 아니고서야 자기를 원하지 않는 여자와의 관계를 남자라고 원할 리 없다. 여자가 자신을 섹시하게 생각해 주기를 남자들이 얼마나 바라는지 모른다.

그에게 살짝 스킨십을 하면서 '원한다'는 표현을 해보자. 한판 붙어보자는 식으로 너무 터프하게 아웃팅하진 말자. 남친의 귓불을 장난스럽게 만지작거리며 "오늘 어때?"라고 공기 반 소리 반 나지막이 말해보자.

남자가 그냥 짐승처럼 섹스만 원하는 게 아니다. 여친의 뜨거운 시선과 손길에 그 자체로 살아 있음을 느끼고 자존감이 한없이 올라가는 것이 남자다. 그의 마음의 소리는 언제나 "날 가져요, 엉엉"이다.

때로는 야한 말을

아침 댓바람부터 야한 톡을 날려보자.

"퀴즈 낼게, 맞춰봐. 나 오늘 무슨 색깔 팬티 입었게?"

"검정색? 핑크색?"

"땡! 안 입었지롱~"

만날 수 없는 상황에서 여자가 던진 폭탄에 남자는 속수무책이 되어 당장 그녀에게 달려가고 싶어진다.

"두 시간 뒤에 확인 가능합니까?"

이렇게 테스토스테론 향 가득한 반응을 누리게 될 것이다.

여자가 성욕을 표현하는 것을 남자들은 무척 섹시하

게 여긴다. 다만, 직선적인 표현보다는 우회적인 방법이 늘 진리임을 잊지 말자.

'YES'라고 말해줘

일반적으로 남자는 여자에 비해 성욕이 몇 배에서 몇십 배까지 높다. 성욕과 관련된 호르몬인 테스토스테론 수치가 남성이 훨씬 높기 때문이다. 그래서 남자가 더 자주 섹스를 원하는 것이 사실이다.

이런 성욕의 차이에 더해 '여자가 밝히는 것처럼 보이면 안 된다'는 강박까지 있는 경우, 여자 쪽에서 매번 하기 싫은데 마지못해 응하는 듯한 뉘앙스를 팍팍 풍기곤 한다. 여자라고 사랑하는 남자와의 섹스가 싫을 리 없다. 그런데도 늘 망설이고 뜸 들이는 과정을 통과의례처럼 밟는다면 남자도 마음이 상한다.

어느 순간 여자의 태도를 자신의 존재에 대한 거절로 받아들일 수 있다. 물론 여자가 원치 않을 때는 분명하게 거절할 줄 알아야 한다. 하지만 원할 때도 그만큼 흔쾌하고 화끈하게 'YES'라고 말해주자. 만약 오늘은 날이 아니라고 생각된다면 입이 삐죽 나온 남친에게 이렇게 말해주면 좋겠다.

"자기야, 그 대신 다음번에는 자기가 좋아하는 그걸로 하자! 알지?"

몸을 보고 싶어

남자는 시각적인 동물이다. 보는 데서 즐거움을 느낀다. 때로는 잠자리에서 안경원숭이처럼 눈을 부릅떠서 여자를 놀라게 만들기도 한다. 내 여자가 흥분하는 모습과 그 섹시한 몸을 보고 싶어서다.

몸에 튼살도 있고 뱃살도 있고, 완벽하지 않아서 보여주고 싶지 않지만 정작 남자에게는 그런 것이 여자들 생각만큼 문제 되지 않는다. 남자가 완벽한 몸매를 원하는 것이 아니다. 그보다는 친밀감 있는 섹스를 만끽하고 싶은 것이다.

그러니 '내가 제일 섹시해'라는 근자감을 가득 장착하고 "그래! 맘껏 봐! 짠~" 하며 남친 앞에 서보자. 예쁜 란제리를 입은 모습도, 벗은 모습도 아끼지 말자. 이런 시각적 자극을 견디려면 남자의 심장이 아주 튼튼해야 할 것이다.

원하는 걸 말해줘

남자는 진짜 여자 맘을 모른다. 눈치가 없어도 너무 없다. 사실 남자는 여자를 만족시켜 주고 싶은데 여자가 부끄러워 말을 안 해주니까 술자리에서 친구에게 주워듣거나, 야동을 보고 나름 정보를 수집하거나, 그도 아니면 나름대로 짐작해서 열심히 노력한다.

하지만 잘하고 있는 건지 알 길이 없다. 실제로 이론으로만 무장한 남자가 실전에서는 엉뚱한 번지수를 찾아 헤매는 경우가 많다. 그럴 때 여자는 '응? 이 남자가 지금 뭐하는 거지?' 싶은데도 연인의 기를 살려준다고 좋은 척, 괜찮은 척을 한다. 그렇게 불통의 섹스는 오늘도 이어진다.

그러니 여자들이여, 남자에게 원하는 것을 당당하고 섹시하게 이야기해보자. "난 자기가 이렇게 저렇게 했을 때 좋더라." 한마디면 남자는 기쁜 마음으로 열과 성의를 다해 부응해줄 것이다.

칭찬해줘

남자는 칭찬받기 위해 산다. 그래서 힘든 일도 묵묵히 해내는 것이다. 침대에서 자신이 뭘 잘못하는지보다 뭘 잘하고 있는지 알고 싶어 한다. 만약 여자가 계속 마음에 안 드는 부분을 지적한다면 "난 잘하는 게 아무것도 없네." 하고서 정말 아무것도 하고 싶지 않게 될 것이다.

혹여 준비 태세가 바로 갖춰지지 않을 때나 갑자기 '꼬무룩' 시들 때라도 '뭐야, 이 남자 고자야?' 하는 비난 혹은 '내가 섹시하지 않은 거로구나.' 하는 낙담의 기색을 보이지 말았으면 한다. 이런 상황이야말로 남자가 가장 상처받고 싶지 않은 순간이자, 가장 상처받기 쉬운 순간이기도 하다. 응급 상황에서는 여신님의 대처가 필요하다. 좀 뒹굴거리면서 기다리거나, 등을 마사지해주거나 하면서 남자가 그 난감한 상황에서 잠시 벗어나도록 도와주면 다시 본 게임으로 돌아온다.

여자를 만족시켰다고 느낀 남자는 밖에 나갔을 때 키가 갑자기 5센티미터는 더 커 보인다. 그만큼 어깨가 쫙 펴진다는 소리다.

그러니 남자에게 말해주자.

"자기는 종합적으로, 총체적으로 섹시함의 화신이야!"

소리를 내줘

다시 말하지만 남자는 눈치가 없다. 그래서 여자가 자

극을 느낄 때 신음이나 "좋아." 하는 소리를 내야 좋아하는 줄 안다.

포르노 배우처럼 요란한 소리를 낼 필요는 없다. 만약 별 느낌이 없는데 남자의 노력에 보답하고자 소리를 내면 남자는 여자의 성감대를 착각할 것이다. 특히 오르가슴을 가장하는 연기는 절대 하지 않는 것이 좋다. 오르가슴을 같이 찾는 과정이 두 사람이 만들어내는 사랑에 아주 중요하기 때문이다.

좋은데도 도저히 말로 표현하지 못하겠다면 손으로 말해보라. 남자의 머리카락을 잡기도 하고, 등을 어루만지거나 팔뚝이나 엉덩이를 움켜쥐는 보디랭귀지도 좋은 방법이다. 즐거움을 표현하는 여자는 언제나 섹시하다.

충동적이었으면

가끔은 창의적인 섹스를 시도하자. 아침에 잠에서 깰락 말락 할 때 덮쳐본다든지, 늘 똑같은 침대 말고 주방이나 자동차 안에서 남자를 도발해보라. 밥 먹다가 숟가락 한번쯤 던져봐야 여자다.

남자도 여자와 마찬가지로 서로 육체를 완전히 내맡기고 아낌없이 사랑하는 것을 원한다. 그들의 마음 깊은 곳에는 정숙한 여자의 본능적이고 원초적인 모습을 확인하고 싶다는 욕망이 있다. 고전적이지만 영원한, 남자의 판타지다.

섹스에는 놀이의 영역이 존재해야 한다. 연인 사이에 두 사람만의 은밀하고 섹시한 속사정이 있다는 것은 얼마나 근사한 케미인가. 상대가 원하는 판타지를 위해서 다양한 상황극을 연출해보고 본인의 판타지도 과감하게 요구해보자.

여자가 침대에서 원하는 5가지
: 세상 모든 여자가 바라는 섹스

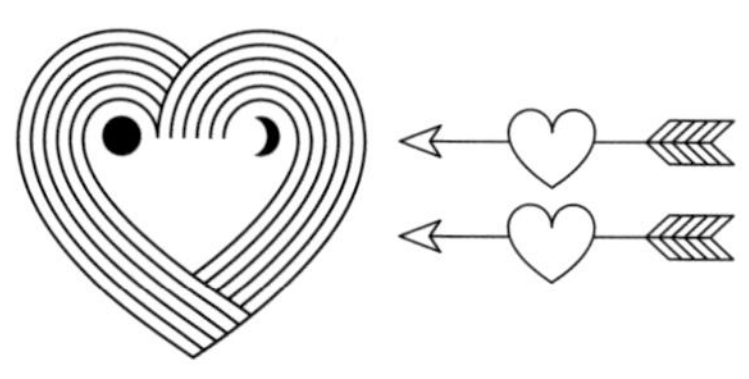

남자는 침대에서 여자를 충족시키고자 할 때 오르가슴에만 집중하는 경향이 있다. 그래서 그렇게 크기와 정력에 집착하며 그것이 만능 해결사라고 믿는다. 물론 크기와 정력이 남자의 치명적인 무기가 될 수 있지만, 이것만으로는 여성의 마음을 사로잡을 수 없다. 여자마다 취향과 성욕이 다르기 때문에 너무 넘치는 남자는 오히려 부담스럽고 괴로운 존재가 되기도 한다.

여자가 정말로 원하는 것을 한마디로 요약하자면 '정서적 교감'이다. 침대에서도 남자가 얼마나 나를 사랑하는지를 확인하고 싶어 한다. 약간의 부족함이나 실수가 있더라도, 감정이 충족되면 섹스를 통해 애정이 더욱 깊어진다.

연인과의 섹스 과정에서 여자의 뇌에는 사랑과 애착의 호르몬인 옥시토신과 바소프레신이 흐른다. 관계가 반복되고 애착 호르몬이 반복해서 분비되면 어느 순간 학습이 되어, 남자를 만나거나 생각만 해도 행복해진다.

다음의 기본적인 다섯 가지 원칙을 기억한다면, 그녀는 당신을 떠올리는 모든 순간에 행복해질 것이다.

무드_촛불과 와인보다 더 필요한 것

여기서 말하는 무드란 종합적인 의미다. 단순히 촛불과 와인, 음악을 준비한다고 무드가 생기는 게 아니다. 그러니까, 여자가 로맨틱한 기분이 들게 하는 상황 그 자체라고 보면 되겠다.

일단 데이트 전날이나 적어도 아침에는 사인을 주자. 여자는 남자와의 데이트에 준비할 게 많다. 가임 기간도 확인해보고 제모나 속옷 등 신경 쓸 것이 많다. 집 앞이나 일터에 짠 하고 나타나는 서프라이즈가 섹스로 이어지기 위해서는, 여자친구가 속옷을 제대로 갖춰 입었는지가 관건이 된다.

'오늘 만나서 좋은 시간 보내자'는 약속을 미리 해두면, 하루 종일 두근거리는 마음으로 기대감이 고조된다. 그런 설렘이 그날 섹스의 만족도를 높이는 데 한몫한다.

두 사람만의 첫 관계거나 특별한 기념일처럼 평생 기억에 남을 중요한 날이라면, 발에 걸리는 모텔을 향하지는 말자. 좋은 호텔이나 테마 펜션 같은 곳이면 좋겠다. 꼭 새로운 장소가 아니어도 괜찮다. 둘만의 공간을 특별하게 꾸미는 것도 소중한 추억이 될 수 있다. 여자에게 무드라는 게 단순히 물리적인 환경을 뜻하는 것은 아니다. 늘 같은 공간에서 관계를 나누더라도 그 순간 얼마나 로맨틱한 감정이 드느냐, 이것이 핵심임을 기억하자.

'이 남자가 너무 좋고, 분위기가 너무 좋고. 그래, 오늘 한번 제대로 해보자!'

이것이 바로 여자가 바라는 섹시한 무드다.

청결_여자가 이성적이 되는 순간

앞서도 이야기했듯이 여자는 남자보다 체취에 더 민감하다. 키스할 때 체취가 마음에 들지 않아서 뒤도 돌아보지 않고 헤어졌다는 여자들이 드물지 않다. 여자가 내 남자에게 기대하는 냄새를 남자들이 늘 유지한다면 좋겠다.

구취는 치명적이다. 연인이 생기면 제일 먼저 치과에 가야 한다. 관계 전에 양치질과 샤워, 구석구석 잘하자. 손톱 깨끗이 자르고, 발 냄새 안 나게 비누로 잘 씻자.

"둥근 해가 떴습니다~ 자리에서 일어나서 제일 먼저 이를 닦자. 윗니 아랫니 닦자. 세수할 때는 깨끗이 이쪽저쪽 꼭 닦고~"

동요 가사의 '세수'라는 단어에 '섹스'를 넣어 우렁차게 불러보자. 잔소리꾼 엄마 같아서 미안하지만, 한 번의 실수로 정이 떨어져버릴 수도 있는 민감한 부분이라 강조를 해둔다. 청결에 문제가 있으면 반드시 섹스리스로 가고 만다. 고유한 체취만을 오롯이 남기고 청백지신으로 접신하시라.

섹스하기 전 성병 검사는 200점이다. 요즘에는 같이 산부인과에 가서 검사하고 백신 접종을 하면서 데이트도

한다고 한다. 무엇보다 콘돔은 기본 중의 기본 매너다. 피임에 대한 불안감이 있으면 섹스에 집중할 수가 없다. 스트레스가 상당하여 오르가슴은 꿈도 못 꾼다. 혹시라도 처리를 잘못하면 여자는 다음 생리 때까지 그야말로 지옥의 시간을 보낸다. 남친에 대한 원망이 생길 수밖에 없으며, 둘의 관계에 금이 가는 것도 한순간이다.

전희_여자는 질색하는데 남자는 신봉하는 방법

최소 15분, 속도는 천천히. 전희의 원칙이다.

많은 여성들이 전희 없는 섹스에 실망한다. 겉으로 티를 내지 않을 뿐이다. 속으로는 '그래, 둘 중 하나라도 좋으면 됐다.' 하고 체념하는 심정이다. 하지만 똑같은 상황이 반복되다 보면 어느 순간 '빨리 끝났으면', 또는 '하기 싫다'는 마음이 생기고 만다.

보통 애무는 키스로 시작한다. 남자들은 키스 없이 섹스를 즐기는 경우도 많은데 키스만으로 오르가슴을 느끼는 여자가 있을 정도로 여자들은 키스를 좋아하고 또 중요하게 생각한다. 납득이 같은 친구에게 어설프게 배워서 '비비기'에만 열중한다면 그녀와 한 번은 몰라도 두 번은 못 잘 가능성이 크니 키스에도 공을 들이길 바란다.

많은 남자들이 하는 실수 한 가지는 너무 급하게, 너무 강하게 시도한다는 것이다. 맘이 급해서 성감대라고 들은 부분은 일단 모두 거치는데, 침 범벅을 만들거나 특정 부위만 강하게 공략해서 살이 까지거나 벌겋게 만들기도 한다. 여자들은 절대 그런 애무를 원하지 않는다. 세게 하면 쾌감도 셀 것이라 생각하는 남자들에게 다시 부탁한다. 부드럽게, 천천히 하라. 만약 치아로 뭔가를 할 생각이라면, 그게 뭐든 하지 마라.

손가락도 잘못 사용하면 여자 몸에 상처가 생긴다. 참고로 핑거코트라는 손가락 콘돔도 있으니, 위생을 위해서 사용해보길 권한다.

여자의 성감대는 온몸에 퍼져 있다. 머리카락까지도 어떻게 만지느냐에 따라 성감대가 된다. 내 여자가 어디서 반응을 보이는지 탐험해보았는가? 일반적으로 15분이라고 하지만, 정해진 시간이 있다기보다는 충분히 흥분해서 원한다는 신호를 보낼 때까지 천천히 몸 곳곳을 거닐자. 이 과정은 남자의 시간을 컨트롤하는 훈련이 되기도 한다. 여자에게 진정한 행복을 선사하는 일석이조의 효과를 거둘 수 있다.

교감_여자가 100퍼센트 몰입하게 만들려면

제일 중요하므로 별표를 치자.

잠자리에서 남자가 아무 말도 없으면 여자는 그 침묵을 '별로다'라고 부정적인 의미로 해석한다. 그러니 여자에게 '너를 좋아한다', '너의 어떤 부분을 좋아한다'라는 표현을 되도록 많이, 입에서 단내가 나도록 하라.

다만 '너랑 할 때 느낌이 좋아'라는 표현은 조심스럽다. 그런 말을 들으면 도리어 서운하게 느끼는 경우가 있다. '나와의 섹스'가 좋은 것이 아니라, '내'가 좋은 거로구나. 여자가 확인하고 싶은 게 바로 그거다. 남자들은 "너와의 섹스가 좋다는 게 바로 너를 무지 좋아한다는 뜻 아닌가요?"라며 억울해할지도 모르겠다. 핵심은 육체만을 탐닉한 게 아니라는 것, 너를 너무 좋아해서 섹스도 좋았다는 선후경중을 명확히 하는 것이다. 이 남자도 나와 똑같은 사랑의 감정으로 관계를 즐기고 있다는 생각이 들면 여자는 안도하며 한층 더 몰입할 수 있다.

"너와 나의 마음이 같다면 나는 오늘 천국에 갈 준비가 되어 있어."

이것이 여자의 마음의 소리다. 잡생각 하지 않고 오로지 몰입하고 즐기는, 내 여자의 가장 아름다운 표정을 만나고 싶다면 꼭 기억하라.

또 한 가지 남자가 알아야 할 여자의 심리는, 아무리 예쁜 여자라도 자기 외모의 단점을 예민하게 생각해서 위축되는 경우가 많다는 것이다. 좋아하는 남자에게 나체를 드러낸다는 것은 여자로서 엄청난 용기가 필요한 일이다. '뱃살 접히는 거 아니야?', '가슴이 너무 작아서 빈약해 보일 텐데…….' 이렇게 연인이 자신을 정말 섹시하다고 생각할지 무척 신경을 쓴다.

이럴 때 남자의 한마디가 절실하다. 예쁘다, 아름답다, 향기롭다. 듣기 좋은 온갖 말들로 여자가 안심하게 만들어주자. 그러기 위해서는 여자친구를 평소에 잘 관찰하고 예쁜 곳을 보물찾기 하듯 찾는 노력이 필요하다. 그리고 콕 짚어서 이야기하는 거다. 나도 모르는 예쁜 구석을 연인이 찾아준다면? 여자는 너무 특별해 잊지 못한다.

영화 〈잉글리쉬 페이션트The English Patient〉에서 남주가 여주의 쇄골 사이 오목한 부분을 만지며 예쁘다고 칭찬하는 장면이 나온다. 그러면서 하는 말.

"여긴 내 거야."

오래전에 본 영화라 내용은 다 잊어버려도 그 장면만큼은 두고두고 기억하는 여자들이 많다. 만약 남자친구 입에서 저런 멘트가 나온다면, 그날 밤 남자는 여자에게 '영혼의 파트너'로 승격되고도 남을 것이다.

앞에서 연인끼리 몸의 특별한 곳에 애칭을 붙여주자고 했는데, 꼭 성기에만 국한된 이야기가 아니다. 여자친구의 귀엽고 예쁜 부분에 이름을 지어주자. 웃을 때마다 동그래지는 광대는 마카롱이 어떨까? 섹시한 엉덩이를 솜사탕이라고 불러준다면? 여자 맘은 진심 녹는다.

후희_'완벽한 섹스'를 위한 마무리

끝난 후 혼자 벌떡 일어나서 샤워하러 가는 남자. 벌렁 누워서 핸드폰 삼매경에 빠지거나 담배를 피우는 남자. 혹은 갑자기 거래처에 전화를 걸어 업무 이야기를 한참 하는 남자.

여자들 뒷담화에 단골 안주로 오르는 남자의 비매너 행동이다.

방금까지 사랑을 나누던 남자가 갑자기 현실 모드로 돌입하면 여자는 기분이 상한다. 자신을 존중하지 않는 것으로 비치기 때문이다. 쉽게 말해 '볼일 끝났다 이거지?' 싶어진다. 남자들은 소위 현자 타임이 와서 관계가 끝난 후에는 떨어지고 싶어 하는 심리가 있는데, 그걸 잘 모르는 여자들은 오해하기 십상이다.

만약 씻으러 가고 싶으면 뺨에 가볍게 뽀뽀를 해주면서 "샤워하고 올게"라고 한마디라도 해주면 좋겠다. 잠시 끌어안고 이야기를 나눈 뒤에 자연스럽게 일어나는 것도 물론 좋다.

그 마지막 마무리가 있어야만 여자는 '완벽한 섹스였어'라고 생각한다.

진정한 고수는 섹스의 목적을 오르가슴이라 생각하지 않는다. 두 사람이 행복한 시간을 가지는 것 자체가 목적이다. 여자는 감정이 움직일 때 몸도 함께 움직인다는 사실을 기억하라. 남자의 한마디나 행동 하나가 한 번의 좋은 섹스뿐 아니라 오래도록 좋은 관계를 이어가는 데 너무도 중요하다.

잠자리에서 여친에게 절대로 하면 안 되는 말

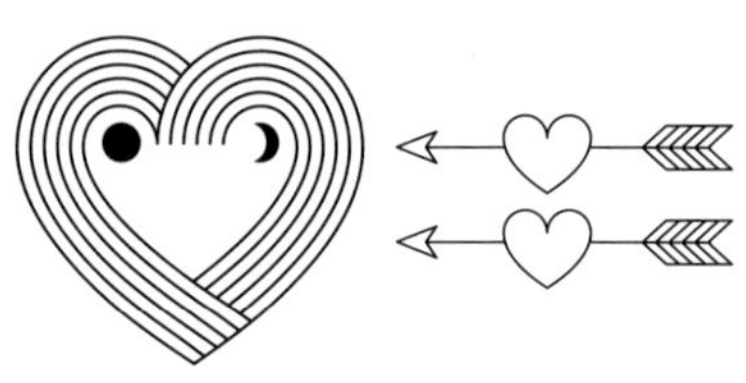

쿨한 남자들이 잠자리에서 별 생각 없이 뱉은 말이 연인에게 비수가 되는 경우는 숱하다.

혹시 본인은 뭘 잘못했는지 도무지 모르겠는데 여친이 관계 도중 기분이 상해서는 등을 홱 돌렸다거나, 각자 집에 돌아간 이후 쌩한 기운이 휘몰아쳤던 경험이 있는가? 그 이유를 모른다면 졸지에 나쁜 남자, 혹은 모자란 남자가 되어버릴 수 있다.

자신도 모르게 저지른 실수가 무엇인지 아래의 사례에서 답을 찾아보자. 잠자리에서 여친에게 절대 해서는 안 되는 말, 어떤 것들일까?

"자기, 옛날에 씨름했어?"

이런 말은 너무 세다. 저렇게 말하는 남친이 설마 있을까 싶지만, 있다. 뭔가 어색해서 농담을 던진답시고 "앗, 내 눈! 옷 다시 안 입나?" 하며 장난을 치는 경우가 더러 있다. 에로티즘이 아니라 거친 형제애가 끓어오르게 만드는 멘트다.

앞서도 강조했지만 아무리 도도해 보일지라도 여자들은 소심하고 대개는 자신의 벗은 몸에 자신이 없다. 그렇기 때문에 연인에게서 예쁘다는 말을 꼭 듣고 싶어 한다. 의무감으로 뭐라도 한마디는 반드시 해야 한다고 알고 있으라.

낯간지러운 찬사는 본인 스타일이 아니라면 최소한 "뭐야, 순두부야? 왜 이렇게 부드럽고 하얘?" 정도라도 해보자.

남자들에게 질문을 하나 던져본다.

"자기 요새 조~금 찐 것 같다. 귀여운데?"

잠자리에서 여친에게 이런 말 해도 될까, 안 될까?

된다고 당당하게 말한 사람은, 핸드폰 대화창을 한번 확인해보라. 최근 들어 여친의 말수가 부쩍 줄어들지 않았는가? 여친이 요즘 데이트를 계속 미루는 건 진짜로 바빠서가 아마 아닐 것이다.

"많이 찐 걸 '조금' 쪘다고 한 건데, 이 정도면 예의를 갖춘 거 아닌가요?"

아니다. 여자에게는 '살이 쪘다'라는 표현 자체가 치명적이다.

이렇게 말로 초를 치다 못해, 여자 마음에 시디신 한을 품게 만드는 경우는 다채롭기도 하다. 마른 몸매의 여친에게 "자기야, 내가 자기보다 가슴이 더 큰 것 같지 않아?"라는 농담을 던지는 경우, 여친 등에 뾰루지를 발견하고는 "엄청 커! 이거 내가 짜줄까?"라고 호들갑 떠는 경우, 어깨가 넓은 여성에게 "자기 어깨 씨름 선수인 줄 알았어, 와." 하고 놀리는 경우.

제발 그러지 말자. 여자들은 그런 말 들으면 수치심에 화도 못 내고, 그렇다고 평생 잊어버리지도 못한다. 입방정으로 여자의 성욕이 지하로 뚫고 내려가도록 만들지 말라.

"아악, 눈이 부셔서 멀겠어!" 입에 발린 말이라도 이런 멘트가 애무 10분보다 훨씬 나을 수 있다.

"네가 좀 가르쳐줘"

여친이 키스를 잘하거나 애무를 잘하면 섹스도 잘할 거라고 남자는 짐작할 수 있다. 설사 실제로 그렇다 하더라도 자꾸 가르쳐 달라, 리드해 달라고 요구하면 여자는 김이 샌다.

한국 남자들은 스스로 경험이 없고 스킬이 좀 부족하다고 생각하는 경향이 있다. 뭐든 첫 경험인 어린 나이에는 어차피 서로 잘 모르니까 되는 대로 우당탕탕 하곤 한다. 하지만 시간이 지날수록 재능이 드러난다. 요리 재주를 타고난 사람이 있듯이 잠자리 능력도 사부작사부작 타고난 사람들이 있다. 그렇다고 '나는 그런 쪽으론 영 재주가 없다'고 실망할 일이 아니다.

요리 똥손인 사람도 여기저기서 황금 레시피를 찾아가며 정보를 익히고, 자기에게 맞는 나름의 방식을 연구하면서 나중에는 "그래도 내가 김치볶음밥 하나는 기가 막히게 한다"라고 대표 메뉴를 개발하게 되는 법이다. 섹스도 마찬가지다. 찾아보고 적용해보면서 얼마든 기술을 업그레이드할 수 있다.

굳이 여자친구에게서 기술을 배우려 하지 말라. 차라리 잘한다고 소문난 동성 친구에게 물어보고 연인에게는 내색하지 말았으면 한다. 당신의 남성적인 매력을 굉장히 떨어뜨리는 행동이다.

여자들은 남자가 멋지게 리드해주길 바란다. 약간의 수줍음을 안고 남자를 따라가는 것이 기본이라 생각한다. 물론 좀 더 과감하고 적극적인 모습을 선보이고 싶을 때도 있지만, 그것은 기본이 갖추어졌을 때 이야기다.

"많이 해봤지?"

"넌 경험이 많은 것 같아"라는 뉘앙스의 말은 둘 중 하나로 해석할 수밖에 없다.

떠보거나, 아니면 비난하거나.

여자 입장에서는 수치심을 주는 말이다. 어떤 이유로든 상대방이 나를 자유분방한 여자, 헤픈 여자라 낙인찍었다는 생각이 들기 때문이다. 좋아하는 사람이 자기를 그런 시선으로 본다는 사실에 굉장히 속상해진다.

남자 입장에서는 여자친구가 꼭 경험이 많아서 싫은

것이 아니라, 혹시라도 비교 대상이 많아서 자신한테 만족하지 못하는 건 아닐까 하는 우려가 들 수 있다. 진심이 어떤 쪽이든 겉으로 드러내어 묻는 것은 삼갔으면 한다. 선 넘는 표현이 분명하므로, 연인에게 결국 상처를 주게 된다.

"좀 조여봐"

관계 도중 이런 말을 듣는다면 여자는 순간 '이거 무슨 뜻이지?' 하는 생각에 몰입도가 확 깨진다. '나와 하는 것이 만족스럽지 않구나.' 싶어 좌절감도 든다.

비유하자면, 이것은 남자에게 "오빠 사이즈가 좀 작은 것 같아"라고 말하는 것과 마찬가지다. '조이는 기술'이 특별한 여자가 있다는 소리를 여자들도 대부분 들어보았을 것이다. 그래서 이 말을 들으면 '나는 이쪽으로는 재능이 없어서 나랑 하는 게 재미없다는 뜻이로구나'라고 받아들인다.

그 상태에서 섹스를 이어간다면 어떤 기분일까. 노래 못하는 음치라고 말하면서 계속 노래를 불러보라고 하는 것과 비슷하지 않을까.

여자의 자존감을 떨어뜨리는, 참 많은 생각이 들게 하

는 말이다.

여자가 아무에게도 말하지 못하는 진실을 털어놓자면, 사랑하는 남자에게서 성기에 대한 찬사를 듣고 싶어 한다는 것이다. 남자들이 자신의 크기와 세기에 연연하는 것처럼 여자들도 본인이 명기인지 속으로 굉장히 궁금해한다. 여자는 남자와 다르게 생식기가 겉으로 드러나 있지 않기 때문에 눈으로 확인할 수도 없다. 연인을 통해서만 자신이 어떤지를 알 수 있는 셈이다. 여자도 남자와 똑같이 확인받고 칭찬받고 싶은 마음이 강하다는 것을 알아주시라.

남자들이 술자리에서 '누군가를 홍콩으로 보냈다'는 확인할 길 없는 썰을 푸는 것처럼, 여자들도 친한 친구끼리 모이면 자신이 명기라는 식의 자랑을 은근히 하곤 한다. '내 남친이 너무 느낌이 좋다고 한다'는 식이다. 남친에게서 "좀 조여봐"라는 말을 들은 여자는 그 자리에서 쓴 소주잔만 들이킬 것이다.

사실 남자가 그런 말을 하는 건 큰 뜻은 없다. 관계 도중 집중했을 때 쾌감을 좀 높여보려고 자기도 모르게 입에서 나오는 말이다. 그렇더라도 분명히 말실수다. 쾌락을 얻고자 사랑을 잃지는 말자.

남자가 시각적인 동물이라면 여자는 청각의 동물이다. 다시 강조하지만 예쁘다는 칭찬이나 섹시한 한마디를 들려준다면 여자의 뇌가 제멋대로 여행을 떠나지 않을 것이다.

"좋았어?"

이 말은 정말 많은 남자들이 자주 하기 때문에 '이게 왜?' 싶을 듯하다. 사실 여자들이 말은 안 하지만 그리 달가운 질문은 아니다.

남자는 여자를 만족시키려고 노력을 많이 하는 만큼 궁금할 수밖에 없다. 자신의 퍼포먼스가 얼마나 훌륭했는지 반응을 듣고 싶다. 그런데 이렇게 직접적으로 물어보는 것은 좀 매력 없게 느껴진다.

얼마나 좋았는지는 사실 관계 도중에 느낌으로 충분히 전달된다. 무엇보다 섹스는 혼자서 하는 게 아니라 둘이서 같이 쾌감을 나누는 일인데, 저 질문은 여자를 수동적으로 만드는 느낌이다. 또한 '좋았냐'고 묻는다 한들 여자의 진심을 알기는 힘들다. 해맑게 묻는 남친에게 "오늘은 그냥 그렇던데? 노력 좀 해야겠어"라고 말할 여자가 어디 있겠는가.

가장 좋은 방법은 남자가 먼저 자신의 느낌을 말해주는 것이다. '오늘따라 당신이 얼마나 아름답고 섹시했는지'를 바탕으로 '다음에는 이렇게 저렇게도 해보면 좋겠다'라고 말해본다면 여친의 은밀한 속마음을 엿들을 수 있을 것이다.

잠자리에서 남친에게 절대로 하면 안 되는 말

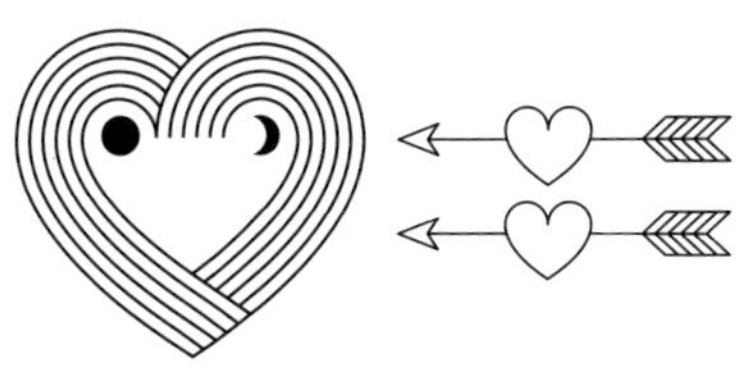

남자라고 왜 없겠는가? 남자들도 잠자리에서 여자에게 절대 듣고 싶지 않은 말이 있다. 하지만 막상 꺼내기에는 자존심 상해서 마음에 꿍하니 담아둘 뿐이다.

여자가 잠자리에서 무조건 넣어둬야 하는 말들, 어떤 것이 있을까?

"내 예전 남친은 말이지……"

이건 무조건이다. 사실 남자들이 먼저 떠보기 위해 은근슬쩍 물어보기도 한다. 그럴지라도 여기에 대해 어떤 식으로든 언급을 말아야 한다. 연인 사이에 솔직할수록 좋지만, 단 한 가지 예외가 있다면 바로 '전 연인과의 육체적 관계'에 관한 TMI다.

"뭐? 지금은 생각도 안 나. 자기가 있는데 그런 게 왜 생각 나."

이렇게 딱 잘라 말하고 다시는 묻지도 말라고 하면 좋겠다. 사실 남자가 원하는 답이 바로 그런 것이다. "아이구, 그때는 어려서 하룻밤에 세 번도 거뜬했지", "개는 뭐랄까…… 좀 아메리칸 스타일이었다고나 할까?" 혹시라도 여자친구가 이렇게 답할까 봐 물어보면서도 판도라의 상자를 열 듯 조마조마했을 것이다.

사실 이건 입장 바꿔 생각해보면 충분히 알 수 있는 일이다. 남친의 전 연인이 얼마나 '핫'했는지 구체적으로 상상하고픈 여자는 없을 것이다.

"좀 작긴 하잖아?"

절대로! 네버! 큰일 난다.

"우리 자기는 좀 작은 편이잖아. 그치?"

남자는 이런 말을 정말이지 죽을 때까지 단 한 번도 듣고 싶지 않다.

간혹 여자들 중에는 남자의 똘똘이를 몸에 달려 있는 어떤 부산물에 불과하다고 생각하는 경우가 있다. 여자에게는 없는 신체 기관이니 그럴지도 모르겠다. 하지만 명심하시라. 남자에게 똘똘이는 태어난 후부터 지금까지 평생 만지작거리고 아끼고 애착하는 분신, 아니 자기 자신인 것이다.

작다거나, 약하다거나, 좀 이상하다거나, 징그럽다거나, 못생겼다는 식의 그 어떤 부정적인 표현을 할 때 남자한테 얼마나 큰 상처가 되는지 모른다. 남자의 존재 자체이자 자존심임을 기억하고 끊임없이 예뻐해주고 칭찬해주자.

"짐승이니?"

정색하면서 이렇게 말하면 남자는 모욕감을 느낀다. 앞으로는 남친이 의욕적으로 덤벼드는 모습을 못 보게 될 수도 있다. 그만큼 선을 많이 넘는 말이다. 물론 여자가 기대감에 찬 얼굴로 웃으면서, 혹은 옷을 스르륵 벗으면서 반어법으로 이 말을 활용한다면 후끈 달아오른다.

"빨리 끝내"라는 말도 비슷한 맥락에서 금기어다. "자기도 알겠지만 나는 의무방어전이야. 상도덕 좀 지키자." 이런 느낌을 주어서 공격력이 제로로 수렴한다.

어떤 여성들은 관계 도중 생활 토크를 시도하기도 한다. 이것은 마치 "나는 지금 아무 느낌이 없다"라고 말하는 것과 마찬가지다. 그야말로 남자의 환상을 파괴하는 행동이다. 권태의 무덤을 파는, 섹스리스의 기차를 타는 셈이다. 아무리 오래된 연인일지라도 삼가야 한다.

"뭐야, 벌써 끝났어?"

남자가 스스로 이미지화하고 싶은 동물이 있다면 사자, 호랑이, 말처럼 힘이 넘치는 강력한 녀석들일 것이다. 그런 남자를 토끼 취급한다면 남자의 마음은 유혈로 낭자해진다. 잘못하면 강박으로 이어져서 정말로 기능에 문제가 생길 수도 있다.

이것은 잠자리에서 생기는 모든 일에 대해 남자에게만 책임을 전가하는 이기적인 태도이기도 하다. 섹스에서 만족도를 끌어내는 것이 오로지 남자만의 몫이라면 너무 가혹한 이야기다.

두 사람의 섹스란 더없는 즐거움을 나누는 일인 동시에, 그 어느 때보다도 예민해지는 순간이기도 하다. 만약 관계 도중 수치심을 건드리면 상대방은 다시는 그 부정적인 경험을 반복하고 싶지 않아질 것이다.

당신과 진심으로 천국을 맛보고 싶은 그 사람에게 부디 천사 같은 연인이 되어주자.

섹스 후 여친의 마음이 식는 이유는?

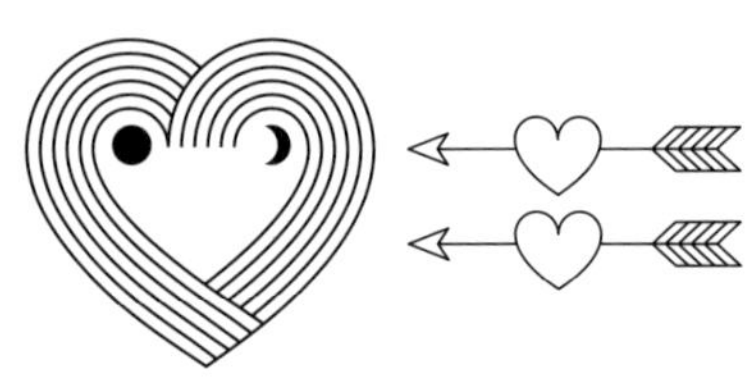

한 남자가 심란한 마음으로 사연을 보내왔다. 눈물 없이 들을 수 없는 그의 이야기를 보자.

좋아하는 여자가 있어요. 그쪽에서 먼저 적극적으로 대시해서 사귀기 시작했고요. 사귄 지 6개월쯤 됐는데 그동안 잠자리를 대여섯 번 정도 했어요. 그런데 어느 순간부터 여친의 마음이 좀 식은 느낌이에요. 무슨 문제가 있는지 물어보면 딱 집어서 대답해주지 않네요. 한번은 이렇게 말하더라고요. "그냥 오빠 혼자만 좋아하는 것 같아." 제가 센스가 없는 편이라 어떤 노력을 해야 하는지 모르겠어요.

요약하면 이렇다. 여자가 먼저 좋아했는데 잠자리 후에 점차 식어간다. 여기서 포인트는 '오빠 혼자만 좋아한다'에 있다. 아마도 여자분은 성적인 부분에 기대감을 가지고 있으며, 그것이 둘 사이 애정에 중요한 요소라는 것을 잘 아는 듯하다. 문제는 남친이 기대만큼 만족감을 주지 못한다는 것이다.

사연을 보내온 남자분 스스로 본인이 센스가 없다고 했는데, 뭔가 감이 온다. 여친이 딱 집어서 얘기하지 않는 이유는 아무래도 성적인 부분인지라 조심스러워서일 것이다. 또한, 어느 한 가지 문제가 아니라 총체적 난국일 가능성이 크다. 대화로 해결할 수 있는 문제였다면 진작 그렇게 했을 것이다. 전체적으로 어긋나는 느낌이라서 실망한 채로 마음을 비운 상태인 듯하다.

동상이몽을 예방하는 4단계 맞춤형 전략

이 남자분에게는 여자와 남자의 성 반응 차이에 대해서 먼저 말해주고 싶다. 1960년대 초, 이름조차 섹시한 마스터스William H. Masters와 존슨Virginia E. Johnson이라는 두 사람(현대 성의학 연구의 선구자인 두 사람은 후에 부부가 되었다)이 커플 수백 쌍의 성행위를 2,500회 이상 관찰한 결과 다음과 같은 4단계 이론을 제시했다. 그래프를 한번 보자.

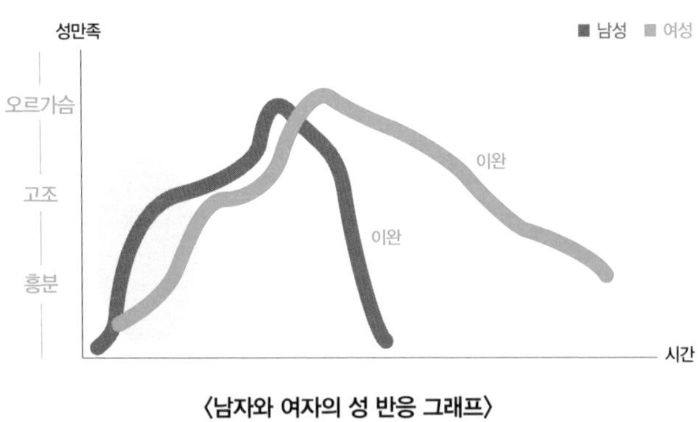

〈남자와 여자의 성 반응 그래프〉

남녀의 성 반응을 각각 흥분 단계, 고조 단계, 오르가슴 단계, 이완 단계로 구분했다. 그런데 남녀가 고조되는

양상과 오르가슴에 오르기까지의 시간이 서로 다르다. 이 지점에 주의해야 두 사람이 더불어 오랫동안 성적 기쁨을 누릴 수 있다.

먼저 첫 번째 단계인 흥분 단계를 보자. 남녀 모두 성욕에 휩싸이고 심장이 쿵쾅대는 단계다. 이때는 전희를 통해 여성이 충분히 흥분되도록 해야 한다. 여자도 심리적으로 준비되고 또 원하는 상태라면 남자만큼 빠르게 진행되기도 한다. 정답은 없다. 때가 되었는지는 여성의 '촉촉함'으로 판단하면 된다.

두 번째 고조 단계에서는 남녀의 속도에 차이가 벌어지기 시작한다. 남자는 급격하게 고조되는 반면에 여자는 조금 더 시간과 에너지가 필요하다. 여기서 속도를 잘 맞추는 것이 여자의 만족도를 높이는 데 관건이 된다. 이 구간에서는 특히 두 사람이 연구하고 맞추려는 노력이 필요하다.

어떤 여성은 말하기를, 자기가 한참 오르막길을 걷고 있는데 남자가 무 자르듯 끝내는 순간, 마치 롤 게임 승급 직전에 엄마가 문을 벌컥 열고 들어와서 컴퓨터를 꺼버리는 듯한 분노와 상실감을 느낀다고 한다. 남자는 하늘에 별을 따주었다고 스스로 흡족해하는데 여자는 속으로

'이기적인 xx'라며 욕을 할지도 모르는 일이다. 아마 사연 속의 여자친구도 그런 경우가 아니었을까 하고 조심스레 추측해본다.

두 사람의 속도를 맞추기 위해서는 움직임을 멈추고 살짝 환기를 시키는 것이 필요하다. 쉬어 가는 구간에서는 클리토리스 같은 여성의 성감대를 다른 방식으로 만족시켜주면 된다. 혹은 자극이 덜한 체위로 바꾸는 것도 방법이 될 수 있다.

다음은 세 번째, 대망의 오르가슴 단계다. 여성이 절정에 오를 때는 2, 3초에 한 번씩 수축하는 반응이 나타나는데 이때 부끄러움을 느끼는 경우가 많다. 그래서 자기도 모르게 정지 자세가 되곤 한다. 이때 남자가 바로 몸을 떼고 급하게 뒤처리를 할 필요가 없다. 그대로 잠시 머무는 것을 좋아하는 여자들이 많다.

네 번째는 이완 단계다. 남자들은 이 단계까지는 크게 신경을 안 쓰는 경향이 있는데, 사실 굉장히 신중해야 하는 구간이다. 이때는 남녀 모두 성 기관에 몰렸던 피가 제자리로 돌아가면서 심장박동이 안정을 되찾는다. 상대에 대한 친근함이나 만족감도 피어오른다.

그런데 그래프를 보면 남자는 이완 단계도 여자에 비

해 상당히 급격하다. 남자는 몸이 풀려서 나른한 상태가 되는데 여자는 아직도 흥분감이 남아 있다. 그래서 서로를 오해하기 쉬운 단계가 바로 여기다. 여자는 조금 더 오르고 싶다는 생각이 드는데 남자는 옆에서 하품을 하고 있다면, 그야말로 산통이 깨진다. 적어도 여성의 이완 단계가 끝날 때까지는 따스한 말을 주고받거나 꼭 안아준다면 좋겠다.

만약 여자가 좀 아쉬워하는 듯 보인다면, 성감을 자극해서 연달아 오르가슴을 느끼도록 할 수 있다. 노래방에서 두 시간을 가득 채워 노래 부르며 불태운 뒤 사장님이 서비스로 넣어주시는 10분 동안 〈말 달리자〉를 불러제끼는, 그 정도의 노력을 한번 해봄이 어떨까. 유니콘보다 희귀한 최고의 남자라는 극찬을 받게 될 것이다.

톰 크루즈도 침대에서는 '미션 임파서블'을 찍지 않는다

이 밖에도 여자가 섹스 후 남자에게 실망하는 상황은 다양하다. 위에서 소개한 유형이 혼자서 앞만 보고 달리는 '경주마' 스타일이라 한다면, 이번에는 '교관' 스타일 남자들을 소개하고자 한다. 연인이 침대에서 교관 같을 때 여자는 또 다른 맥락에서 허탈감을 느낀다.

이 남자들은 여자도 절정에 오르는 것을 미션으로 생각한다. '응? 그게 무슨 문제야? 좋은 거 아니야?' 싶겠지만, 미묘한 뉘앙스의 문제가 있다. 이 사람들은 섹스를 무슨 임무 수행하듯 해내려 한다.

"자, 드디어 우리는 침대에 입장했다. 지금부터 너와 나는 저 산을 오르도록 한다. 출발!"

느낌이 오는가? 아주 열심히 들고파는 모범생 같으나, 섹스에 꼭 필요한 여유로운 센스와 교감이 부족하다. 테크닉에만 굉장히 집중하는 모습은 강박적으로 보이고 함께 몸을 섞고 있으면서도 낯선 소외감이 들게 만든다.

"헛둘, 헛둘! 이래도 안 느끼는 거야?" 하고 다그치듯 여자한테 방금 느꼈는지, 아직인지를 계속해서 확인한다. 영혼은 없고 감각만이 존재하는 그런 낯선 감각의 제국에 온 것만 같다.

경주마 스타일보다야 물론 낫지만 여자로서는 교관 스타일에도 별 매력을 느끼지 못한다. 관계 후에는 충만함이 아니라 공허함이 남기 때문이다. 여자는 머신을 원하지 않는다. 그럴 바에야 성감 자극에 최적화된 도구를 사용해서 혼자 노는 편이 더 마음 편하다.

남자에게 여자는 너무 어렵게 느껴질 법도 하다. 하지만 한 가지 중요한 것이 채워지면 여자는 더없이 단순해진다. 바로 '테크닉'이 아닌 '태도'다.

The Most Useful Psychology For Love

4장

남자를 미치게 하는 여자, 여자가 집착하는 남자

자신에게 딱 맞는 이성을 귀신같이 찾아내서
꿀 떨어지는 연애를 누리는 사람들이 있다. 연애 고수들이다.
인형 같은 미모의 여자나 누가 봐도 번듯해 보이는 남자가
그런 멋진 사랑을 할 것 같지만,
실제로 연애 고수들을 보면 그렇게 화려한 매력의 소유자가 아닌
경우가 의외로 많다.
이 사람들이 가진 특별한 능력은 무엇일까?
이들은 현실감각이 뛰어나다.
또 하나, 이들의 기준은 상대방이 아니라 언제나 자기 자신이다.
나와 상대방의 관계를 객관화하는 능력을 현실감각이라 할 때,
현실감각이 뛰어난 사람들이 멋진 연애를 할 가능성이 크다. 이들은
누군가의 풋풋한 첫사랑,
두고두고 아련히 오르는 짝사랑,
생각만으로도 상대방을 미치게 만드는 매력적인 이성의 기준이
되곤 한다.
자, 현실에 발을 딛고서 의연하고도
매력이 철철 흐르는 사랑 좀 해볼 때가 되었다.

♡
♦
●

“그래서 싫어?”와 “그래서 좋아?”의 차이

TV 리얼리티 프로그램 중에 미혼남녀 여덟 명이 한 집에서 한 달간 썸을 타는 〈하트 시그널〉이 화제였다.

그중에서도 시청자들의 가장 큰 관심을 받은 두 사람은 영주와 현우였다. 현우는 뭔가 나른하면서도 츤데레 같은 매력이 있는 훈남으로, 등장과 동시에 모든 여성 출연자들의 시선을 한 몸에 받았다. 영주 또한 서글서글하고 쾌활한 이미지로 매력을 한껏 발산했다.

현우는 영주를 처음 보는 순간 묘한 미소를 지었다. 그에게 영주는 처음 만난 사이가 아니었다. 영주는 까맣게 몰랐지만, 5년 전 현우가 운영하던 식당에 영주는 단골손님이었고 현우는 그때도 눈여겨보던 영주를 5년 후에도 첫눈에 알아보았다. 현우는 운명처럼 그녀에게 끌렸다. 그래서 요란하지는 않지만 자신만의 방식으로 영주에게 꾸준히 호감을 표현했다.

하지만 영주는 마음을 놓지 못했다. 특히 초반에 현우와 썸 기류가 감지되었던 현주 때문에 노심초사했다. 현주는 영주와는 또 다른 매력이 있었다. 말간 얼굴에 생글생글한 미소와 애교가 흐르는, 한눈에 봐도 사랑스러운 스타일이었기에 더욱 신경이 쓰였을 것이다.

더구나 현우가 감정을 직접적으로 표현하는 스타일이 아니었기 때문에 영주는 점점 더 예민해졌고 현우의 감정을 자꾸만 확인하려 드는 모습을 보였다. 영주가 토라지면 현우는 달래주고 오해를 풀려 애쓰곤 했다. 그 마음이 결국 부담과 책임으로 변했던 걸까, 마지막에 현우는 결국 영주가 아닌 현주를 선택한다. 영주는 왜 처음부터 자기를 바라보던 현우와 이루어지지 못했을까?

사랑의 주문에 결코 섞지 말아야 할 재료, 금기

시크릿 법칙이 한때 엄청난 유행이었다. 시크릿 법칙의 핵심은, 원하는 것에 대해서 긍정 확언을 하면 그대로 이뤄진다는 것이다. 이 개념은 심리학에서 말하는 '피그말리온 효과'나 우리 어머니들이 말씀하시던 '말이 씨가 된다'라는 이야기와 다르지 않다. 말하는 대로, 생각하는 대로 이뤄진다. 인간은 인지하는 대로 움직이는 동물이다.

실험해봐도 좋다. 그 사람이 나를 사랑하지 않는다고 생각하고 말로 내뱉고 글로 써보라. 그럼 나에게 관심을 보이던 그 사람이 어느 순간 마음을 내려놓는 마법이 일어난다. 우리는 모두 마법사인 셈이다.

그렇다면 시크릿의 원칙으로 사랑을 이룰 수도 있을까? 실제로 연애할 때 우리에게 가장 필요한 것이 시크릿 원칙이다.

〈하트 시그널〉에서 현우가 영주에게 마음을 빼앗겼을 때 현우는 다른 남자들도 모두 그녀를 좋아할 거라면서 베개에 얼굴을 파묻었다.

그러나 시간이 흐르고 영주는 현우가 좋아한다고 말

할 때조차 "오빠가 진짜 좋아하는 사람은 내가 아닌 것 같아"라며 현주를 경계하는 말로 답을 대신했다. 현우의 설렘은 어느덧 미안함으로 바뀌었을 것이고 현주는 '금기'로 자리 잡았을 것이다. 금기가 얼마나 매력적이고 치명적인지 안다면, 연인이 절대 하지 말았으면 하는 일을 금기로 만들지 않을 것이다. 우리는 금지된 것들에 욕망을 품는다.

시크릿 원칙의 무서운 점은 부정적인 생각도 현실로 이루어진다는 것이다. 얼마나 많은 사람들이 놓치는 사실인가.

"너는 나를 좋아해"라는 말로 썸남을 세뇌해도 부족한데 "오빠는 현주를 좋아해"라며 울적해했을 때, 달려가 말려주고 싶었다. 영주는 계속 그의 진심을 물어보며 분위기를 무겁게 끌고 갔다. "나는 오빠가 나한테 마음이 있는지 없는지 모르겠어"라는 말은 오빠 마음속의 확신도 의심으로 바꾸어놓는 마법을 부린다.

경쟁자의 이름을 상대방 머리에 반복적으로 심어놓는 것, 특히나 '당신은 그녀를 좋아한다'는 확언은 마치 씨앗처럼 그의 마음에 심긴다.

어느 순간 "내가 이렇게 행복한 기분이 아닌 걸 보니

영주 말대로 현주를 정말 좋아하는 건 아닐까?" 하는 생각이 들지 않았을까? 생각이 한번 떠오르면 그다음은 도토리 먹는 지름길을 찾은 다람쥐마냥 언제라도 찾아온다. 그렇게 생각이 반복되면 그에 맞는 행동을 하게 된다. 그것이 바로 말의 씨앗이 작용하는 방식이다.

"그래서 싫어?"와 "그래서 좋아?"의 차이

연애의 시크릿은 언제고 '너는 나를 사랑한다'이다. 하지만 이것은 '너는 나를 사랑해야만 한다'와는 전혀 다른 말이다. 썸 탈 때는 긍정적인 태도로 중심을 딱 잡아야 한다. 그저 탐색의 시간이라 생각하고 사랑이라는 김칫국은 냄새도 맡지 않는다. 내가 좋아하는 만큼 상대방도 나를 좋아해줬으면 하는 마음은 당연하다. 하지만 그 마음에 잡아먹히는 순간 썸은 끝난다.

당신이랑 썸 탄다고 당신에게 미쳐 있어야 하는 것은 아니다. 마음이 자라는 데는 시간이 필요하다. 사랑이 스스로 부풀어 오르도록 만들어야지, 왜 나만큼 빨리 불지 않느냐고 채근하면 풍선에 바람이 빠져나간다. 바람 빠진 풍선은 텐션부터 달라서 다시 불 맛도 안 나는 법이다.

그래서 연애 고수는 절대로 부정적인 말을 하지 않는다. 스스로에게도 청승맞게 '그는 나를 사랑하지 않는다'는 생각조차 들려주지 않는다. 나에 대한 확언은 나의 태도에 영향을 미치고, 연인에게 하는 말은 상대방의 행동에 방향을 제시한다.

현주 역시 현우를 처음부터 좋아했다. 그녀는 연애 천재다. 현우가 영주를 마음에 뒀다는 걸 알면서도 현우와 둘이 있을 때 절대로 부정적인 이야기나 원망 섞인 표현을 하지 않았다. 무거운 순간도 가볍게 느끼도록 만드는 능력이 현주에게는 있다.

속초로 떠나는 마지막 여행 날. 현우는 영주와 짝이 되리라 예상했다. 그런데 뜻밖에 현주가 나타났을 때 현우의 첫인사는 "아, 영주일 줄 알았는데"였다.

바닷가에서 즐거운 시간을 보내고 묘한 긴장감이 어느 정도 가신 후 현우는 의미심장한 한마디를 던진다.

"누구랑 왔는지가 중요한 거지. ……너랑 왔다."

그러자 현주는 단번에 "그래서 좋다고?" 하며 활짝 웃어 보인다.

현우가 자기 아닌 영주를 기다렸다는 사실을 알면서도 "그래서 싫어?"라고 무심결에라도 뱉지 않는다. 그녀에게 무장해제 되지 않을 도리가 없다.

현우는 해 질 녘 현주의 손을 잡고 막 떠나려는 케이블카를 향해 함께 달렸다. 보폭을 따라 심장이 뛸 때 영주의 말을 떠올렸을지 모른다.

"오빠는 현주를 좋아해."

연애 천재가 알려주지 않는 마인드셋이 존재한다면 이것이다. 스스로에게, 상대방에게 끊임없이 전달해야 하는 메시지를 기억하고 실천한다.

"그 사람은 나를 사랑한다. 우리는 오래오래 행복하게 사랑할 것이다, 어떤 갈등도 잘 극복할 것이다."

연애는 두 사람 사이의 작용이기 때문에 두 배로 더 강력하게 '말하는 대로' 이루어진다. 믿음 소망 사랑 그중에 제일은 믿음이니, 사랑은 믿음 뒤에 살포시 서 있는 일이 많은가 보다. 믿음대로 될지어다.

♡
♦
●

권태기 따위 없는 커플의 비결

오랫동안 만났는데도 한결같이 꿀 떨어지는 연인들이 있다. 만날수록 더 빠져들고 시간이 흐를수록 더 깊어진다. 이들에게는 어떤 매력이 있기에 권태기 따위가 얼씬도 못하는 걸까?

한마디로 표현하자면 '디테일 있는 연애'의 위력이라 말하고 싶다. 디테일 있는 연애라고 하면 상대방을 위해

치밀하게 계획을 짜고 노력하라는 의미로 받아들이는데 사실 정반대다. 상대의 반응을 생각하는 것이 아니라 '어떻게 하면 오늘 하루 내가 재미있게 놀 수 있을까?' 하고 나 위주로 생각하라는 이야기다.

연애는 찬란한 미친 짓이다

연애할 때 어디까지 미친 짓을 해보았는가? 그러니까 얼마나 자유롭게 나를 드러낼 수 있는가? 좋아하는 사람 앞에서 내가 하고픈 대로 거리낌 없이 사랑을 표현하는 것. 그 연애에서 보여줄 수 있는 가장 큰 매력이자 자신감이다. 그런 경우엔 설령 연애가 끝나더라도 후회가 없다.

어떤 친구들은 만날 때부터 미스코리아처럼 손을 흔들며 "안녀엉~~" 하고 찬연하게 인사를 한다. 아니면 헤어질 때 손을 꼭 잡고 손등에다가 뽀뽀를 쪽 해주기도 한다. 갑자기 뒤에서 껴안아 놀라게 만든다거나, 인파 속을 거닐다 문득 "사랑해"라고 속삭이기도 한다.

캔 커피 하나를 건네더라도 그냥 주지 않는다. "오다 주웠다!" 하면서 툭 던져주거나, 연인을 닮은 얼굴을 그려서 붙여주기도 한다. 특별한 날에 샤넬 향수와 장미꽃 100송이를 챙기는 것이 아니라, 아무 날도 아닌 날에 직접 지어 붙인 꽃말을 얹어서 꽃 한 송이를 건네준다.

뭘 하든 '너구나.' 싶다.

이런 사람들은 연인의 취향도 함께 적극적으로 탐색하지만 본인만의 취향과 취미생활도 확고하다. 그래서 그 사람을 따라 처음 뮤지컬을 공연을 가게 되거나, 스윙댄스를 배워보는 신선한 경험을 하게 된다. 가을에는 정동길을 걸어야 한다며 커플룩으로 트렌치코트를 입고서 분위기를 잡아보고, 한겨울 새벽에 불러내어 함께 해 뜨는 바다를 보러 가기도 한다.

상대방이 무얼 좋아할지 고민하기보다, 내가 연인이 생기면 꼭 하고 싶었던 것들을 원 없이 한번 해본다고 생각하면 좋겠다. 그럴 때 두 사람만이 간직할 수 있는 디테일한 추억 수천 가지가 차곡차곡 쌓인다.

'본래의 나'로 너와 만나기

연애를 시작하기 전에는 굉장히 통통 튀고 매력 있었

는데, 막상 사귀고 나서는 그 사람만의 색깔이 확 사그라드는 경우가 있다. 특히 여성 중에 그런 경우가 많다. 연애 초반에는 상대방에 대한 확신이 서지 않기 때문에 모든 것이 조심스럽다. 그래서 되도록 안전한 방법을 택한다. 안전하다는 것은 남들과 엇비슷하게 간다는 의미다. 말괄량이 같던 여자도 본연의 매력을 걷어내고 순한 양처럼 행동한다. 한마디로 눈치를 보는 것이다.

그런데 아이러니하게도 이렇게 사람이 변하면 매력이 떨어진다. 상대방은 원래 나의 통통 튀는 매력에 끌렸을 것이다. 그러니 남들과 달라서 이상해 보일까 염려하지 말고, 나만의 색깔이 담긴 행동과 말들을 잃어버리지 말자.

'연애할 때의 나'와 '본래의 나' 사이에 괴리감이 없어야 연애가 즐겁다. 살얼음판 걷듯 자꾸만 스스로 점검하고 평가한다면 어느 순간 그 사람과의 연애가 지치고 고단해진다. 또한 만약 나를 잃어버리는 연애를 한다면 그 연애가 끝났을 때 이별의 아픔 외에, 다른 불필요한 이유로 자존감이 깎일 수 있다.

♡
♦
●

여자가 사랑할 수밖에 없는 남자의 '리액션'

연인들이 싸울 때 여자가 자주 하는 말이 있다.

"네가 내 기분을 알기 나 해?"

여자의 본질적인 욕구가 드러나는 말이다. 여자들이 남자에게 간절히 원하는 것 중 하나가 바로 감정을 알아주는 '리액션'이다. 그러니까 내 감정이 어떤지 헤아려달라는, 마음을 좀 써달라는 이야기다. 때때로 여자들은 감정의 폭이 어지럽게 오르내리곤 한다. 특정한 상황에서 느끼는 감정을 종종 확대하고 그 감정에 휘둘려서 괴로워하기도 한다.

여자는 그런 자신의 마음 상태를 누군가와 나누고 싶어 하며 무엇보다 이해받고 싶어 한다. 이것이 여자에게는 참 중요하다. 얼마나 중요하냐면, 이것이 '나를 사랑한다, 사랑하지 않는다'의 기준이 될 정도다.

우울한 여자친구가 원하는 리액션은 바로 이것

"아, 오늘 진짜 피곤한 하루였어."

여자친구가 이렇게 말하면 보통 남자들은 "그래? 얼른 씻고 푹 자." 정도로 대답한다. 이것도 다정하긴 하지만 여자가 원하는 좀 더 섬세한 리액션은 "왜 피곤했어?" 하고 물어봐 주는 것이다.

아마도 저 말을 꺼낸 여자친구는 오늘 뭔가 힘든 일이 있어서 위로받고 싶은 마음이었을 것이다. 감정을 편하게 쏟아낼 수 있도록 물꼬를 터준다면 좋겠다. 상사한테 깨졌다거나, 거래처 진상 때문에 힘들었다거나 하는 이야기를 들어주며 맞장구도 쳐주고 욕도 같이 해준다면 여자친구의 표정이 금방 풀릴 것이다.

그러면서 "오빠가 옆에 있잖아. 나한테 다 풀어. 맘대로 들이대." 하며 장난을 쳐도 좋겠다. 한술 더 떠 "기분 전환하게 우리 게임 한판 할까?" 아니면 "고생했으니까 내가 피로회복제 놔줄까?" 하고 짓궂게 굴면 웃음이 터지면서 정말로 피로가 다 날아갈 것 같다.

지극히 친밀하면서도 의지가 되고, 또 나를 생각해준다는 그런 느낌을 여자는 원한다. 이런 것이 감정의 흐름을 짚어주고 어루만져주는 그런 리액션이다. 너무 여성스럽고 까다롭게 느껴지는가? 하지만 '먹자', '자자' 두 마디로 모든 것을 해결하는 상남자들에게 여자는 굉장히 공허함을 느낀다. 상남자의 본능은 아껴두었다가 침대 위에서만 보여주도록 하자.

마크 다아시만큼 여자를 설레게 하는 법

접촉사고가 났다거나, 가족 중에 누군가가 갑자기 아프다거나 하는 큰일을 겪을 때 남자의 리액션은 여자를 울린다. 우는 이유는 둘 중 하나다. 너무 서운해서 울거나, 혹은 너무 감동해서 울거나.

예기치 못하게 큰일을 겪으면 이성적으로 대응하기가 힘들다. 상황이 너무 심각하면 오히려 연인에게 알리지 못할 때도 있다. 걱정할까 봐, 혹은 내 상황에 부담을 느낄까 봐 조심스럽기 때문이다. 자존심을 내려놓고 남자친구에게 이야기를 꺼냈다는 것은 정말로 지지가 필요하다는 뜻이다.

이때 비난하지 않고 무조건 편들어 주고, 또한 적절한 조언을 하면서 다독여주는 리액션이 꼭 필요하다. 영화 〈브리짓 존스의 일기Bridget Jones: The Edge Of Reason〉에서는 여주인공 브리짓 존스가 태국에서 본의 아니게 마약을 운반하다가 걸려 감옥에 억류되는 상황이 펼쳐진다.

이때 막 헤어진 변호사 남친 마크가 태국까지 달려온다. 그는 면회 자리에서 너 때문이 아니라 업무차 온 것뿐이라고 냉정하게 말했지만, 사실 브리짓의 석방을 위해 발 벗고 나서서 노력한다. 나중에서야 진실을 알게 된 브리짓은 마크에게 달려간다.

성의와 진심과 능력까지 겸비한 남친이라니, 그야말로 환상의 조합이다. 문제는 현실에서 모든 남자들이 마크 다아시는 아니라는 사실이다. 기럭지와 슈트 핏은 그렇다 쳐도, 여친이 겪는 힘든 문제를 해결사처럼 단번에 처리한다는 것은 그야말로 영화니까 가능한 이야기다. 현실에서 많은 남자들은 자기 능력 밖이라고 생각할 때 의기소침해진다. '내가 뭘 해야 되지? 어떻게 도와줘야 하지?'만 생각하고는 도움이 되지 않는다고 판단되면 무력감에 빠진다.

그런 모습이 여친에게는 성의 없고 퉁명스러워 보인다. 남자의 심리를 잘 모르기 때문에 크게 오해하거나 실망할 수도 있다. 브리짓 존스가 마크의 진심을 몰랐을 때 '나에 대한 사랑이 없구나. 관심이 없구나.' 하고 좌절했던 것처럼 말이다.

설혹 '미안하다. 오빠가 가진 게 이것뿐이다. 해줄 게 없다!' 싶더라도 괜찮다. 여자는 해결사를 원하는 게 아니다. 그저 상식선에서 진정성 있게 조언해주고 "좋은 방법이 없나 같이 찾아보자." 하면서 성의를 보여주는 것만으로도 충분하다. 그리고 꼭 안아주면서 감정적인 부분을 다독여준다면 좋겠다. "많이 놀랐겠다", 혹은 "와, 어떻게 그럴 수 있어? 나도 진짜 열받네." 하는 리액션까지 있다면 더 바랄 것이 없다.

남자가 슈퍼맨이 아니라고 비난하는 여자는 없다. 여자는 정말 사소한 것에 사랑을 느끼고 사소한 것 때문에 사랑을 접는다.

공감이 어려운 남자들을 위한 조언

여자에게 연인은 AS 기사 같은 존재가 아니라, 곁에서 고민과 슬픔을 나누는 친구 같은 존재다. 그래서 공감 능력은 연인 사이에 확신을 심어주고 애착의 깊이를 더해주는 중요한 요소다.

누군가에게 공감하는 것은 생각보다 에너지가 많이 드는 일이다. 공감한다는 것이 어렵게 느껴지는 남자라면 약간의 상상력을 발휘해보자. 눈을 감고서 마치 상대방이 된 것처럼, 나에게 일어난 일인 것처럼 상상하자. 그리고 어떤 마음이 올라오는지 경험하는 것이다. 나라면 어땠을까 하고 천천히 생각해본다.

이 지점에서 '나라면 저렇게까지 힘들어하지 않을 것 같은데'라고 생각하는 남자들이 있을 것 같다. 그렇다면 자신의 감정을 먼저 들여다보고 끄집어내는 연습을 한다면 어떨까 제안해본다.

남자들은 감정을 눌러야 남자답다는 사회문화적 학습을 하며 자랐다. 감정을 여자만큼 풍부하게 느끼는 남자들도 많지만 그것을 억누르는 데 익숙하다. 그래서 타인도 그러려니 여기는 습관이 생기기도 한다. 스스로의 감정을 표현하고 인정하는 연습을 하면 공감력도 함께 높아진다.

울어도 되고, 누군가에게 마음속 깊은 감정을 호소해도 된다. 자신도, 연인도 그런 눈으로 바라볼 때 피상적인 관계가 아니라 진정한 공감과 애착의 세상이 열린다.

이렇게 자신이 직접 경험하지는 못했을지라도 지금까지와는 다른 방식으로 상대방의 경험에 감정 이입하는 연습을 해보는 것이 필요하다. 노력하는 것만으로도 당신은 이미 최고의 연인이다.

서로 다른 두 사람이 만나 '반응'할 때 사랑이 구름처럼 피어오른다.

♡
♦
●

남자가 미치는 여자의 '피드백'

이번에는 남자가 정말 '이 여자가 내 여자다'라고 느끼게 되는, 남자의 가슴이 뜨겁게 뛰는 그런 순간에 대해 얘기해보자.

"연애란 남자가 단 한 사람의 여자에게 만족하기 위해 치르는 노력이다"라고 프랑스의 시인 폴 제라르디Paul Géraldy는 말했다. 이 명언이 남자의 사랑하는 방식을 극적으로 보여주는 듯하다. 여기서 남자가 단 한 사람의 여자에게 만족한다는 것은 무슨 의미일까?

'남자가 사랑하는 여자는 처음 보는 여자'라는 용감한 농담을 호기롭게 던지는 남자들. 역설적으로 남자가 자신에게 특별한 존재를 발견하고 지키고자 할 때의 노력은 눈물겹다. 그 한 사람을 만족시킴으로써 내가 만족하는 것. 바로 여기에 남자의 본능이 있다. 여자가 자신으로 인해 진심으로 만족하고 행복해지는 모습을 볼 때 남자는 자신의 존재 의미를 되새긴다.

이럴 때 그는 세상에서 가장 행복한 남자

남자가 진심으로 사랑할 때의 방식을 보자. 일단 뭔가를 자꾸 해주려고 한다. 짐을 들어주려 하고 집에 바래다주려 한다. 자꾸만 맛있는 걸 사준다고 하고, 크고 작은 선물을 수시로 한다. 침대에서도 어떻게든 여자를 기분 좋게 만들려 노력한다.

그만하면 됐다 싶은데 지치지도 않는 모양이다. 연인을 위해서 하는 이런 행동을 그녀도 진심으로 좋아할 때 남자는 새삼 사랑에 빠진다. 오랫동안 사이좋게 잘 사귀는 커플들을 보면 서로 피드백을 굉장히 잘하는데 특히 여자 쪽에서 남자에게 만족감을 수시로, 진심으로 표현하는 걸 볼 수 있다.

우리 어머니들이 하듯 "아이구, 이런 걸 돈 아깝게 왜 샀어. 꽃 살 돈이면 차라리 고기를 사 먹지"라고 하는 것이 아니라 "어머, 내가 꽃 보고 감동하는 사람이 아닌데, 이건 너무 예쁘다. 나 오늘 하루 종일 행복할 것 같아"라고 그의 정성을 성의껏 치하한다. 그럴 때 꽃집을 검색하고, 주문하고, 시간 맞춰 찾아온 남자의 노력은 힘든 수고가 아니라 내 여자를 행복하게 만든 감동의 여정이 된다. 남자의 눈빛이 뿌듯함과 애정으로 반짝이는 것을 볼 수 있으리라.

혹시 남녀가 원하는 칭찬의 방식이 서로 다르다는 사실을 아는가? 남녀 심리 연구에 따르면, 여자들은 남자가 띄워주듯 조금은 과하게 애정을 표현할 때 만족감이 높아지는 반면 남자들은 구체적으로 자신이 어떤 도움이 되었는지, 상대에게 내가 정말 필요한 존재인지 확인할 때 행복감을 느낀다고 한다. 남자의 경우 무작정 띄워주는 방식은 칭찬이 아니라 뭔가를 기대하는 것으로 다가와, 오히려 부담스럽게 느낄 수 있다.

그러니 남자를 칭찬할 때는 당신이 나에게 어떤 도움이 되었는지, 어떤 부분에서 기쁘고 만족스러운지를 콕 짚어서 말해주자.

달콤했던 여행이 씁쓸하게 끝난 이유

뭔가를 애써 수행하고, 그것이 성공을 거두고, 자신감을 얻어 새로운 무언가를 수행한다. 이것은 매우 근본적인 남자의 에너지 흐름이다. 그래서 무언가를 수행할 터전이나 기회 자체가 없다고 한다면 존재의 의미를 상실할 정도로 큰 타격을 입는다.

언젠가 사연을 보내준 한 남자분이 여자친구와 여행 가서 싸운 이야기를 들려주었다. 멋진 차를 렌트해서 운전하는데 여자친구는 "길을 잘못 들었다", "운전을 거칠게 한다", "신호를 안 지켰다." 하면서 자꾸만 짜증을 냈다고 한다. 창밖으로는 멋진 풍경이 펼쳐지는데 하나도 눈에 들어오지 않았단다. 오늘을 위해 준비했던 많은 것들이 무색하게 느껴지고 초라한 기분이 들었다고 남자는 말한다. 마음이 상한 나머지 여행을 망쳤고 예정보다 일찍 돌아오고 말았다.

만약 여자친구가 "어떻게 이런 차를 렌트할 생각을 했어? 오빠처럼 센스 있는 사람이 좋더라", "풍경이 너무 예쁘지 않아? 오빠 덕분에 오늘 정말 신난다." 하는 식으로 반응했다면 어땠을까?

남자를 위해 마음에도 없는 말을 지어내라는 게 아니다. 이 사람이 어떤 마음으로 이 시간을 준비했는지, 나를 기쁘게 하기 위해 얼마나 설레는 마음으로 기다렸을지에 초점을 맞추어보자. 절로 긍정적인 마음이 되고, 사랑의 단어가 입 밖으로 나올 것이다.

여자들이 조심할 것은, 특히나 남자가 고유의 영역으로 여기는 부분을 존중해야 한다는 것이다. 남자마다 유독 자부심을 가지는 분야가 있을 것이다. 운전만큼은 누구보다 잘한다고 생각하는 남자에게 "운전을 왜 그렇게 하냐"며 질책한다면 요리 솜씨에 일가견이 있다고 자부하는 여자에게 "음식 맛이 영 별로다"라고 말하는 것과 마찬가지다. 한마디로 깊은 자괴감과 분노를 안겨주는 말이다.

남자가 원하는 거의 모든 것

만약 내가 뭘 해도 상대방이 만족하지 않고 싫어한다고 느낀다면 남자는 마치 직장을 잃은 사람처럼 열정을 잃고 방황하게 될 것이다. 남자가 큰맘 먹고 선물을 했는데 "어? 이거 내 취향은 아니네." 하며 쓴웃음을 짓는다거나, 잠자리에서 열과 성의를 다하는 남친을 소 닭 보듯 하는 경우가 생각보다 흔하다. 너무 좋아하는 티를 내면 속물 같아 보일까 봐 표현을 적극적으로 못하는 경우도 있다. 평소에는 털털한데 갑자기 애교를 부리거나 감정을 표현한다는 게 민망하고 괴리감이 느껴지기도 한다. 하지만 최소한의 피드백마저 아낀다면 상대는 당신을 오해할 수도 있다.

나의 방식으로 내 남자의 노력에 대해서, 특히나 나를 위해 애쓴 행동에 대해서는 콕 집어 천진난만하게 표현해보자. 좋아하고, 감탄하고, 고마워하기. 남자가 원하는 거의 모든 것이다. 남자는 이런 보상을 받기 위해 사랑이 끝나는 날까지 당신을 위해 무언가를 할 것이다.

정 부끄럽다면 손 편지나 소소한 선물을 전달해도 좋겠다. 감정은 전달하는 것이 중요하다. 어떤 방식이든 반드시 사랑하는 사람에게 표현해야만 그 사람이 안다. 사랑은 꽃에 물을 주는 것처럼 노력이 필요하다는 생각이 든다.

이왕 시작한 사랑, 조금의 성의와 노력을 더해 좀 더 뜨겁게 하시길 바란다.

♡
♦
●

심리학이 증명한 섹시한 남자의 성격 두 가지

남자들은 보통 여자의 '성격'이 섹시함의 기준은 아니다. 그러니까 '저 여자 성격 진짜 좋네. 나랑 잘 맞는 것 같은데?'라고 한다 해서 흑심이 동하지는 않는다. 그런데 여자는 조금 다르다. 외모만큼이나 성격에서 성적 끌림을 느끼고 '어머, 이런 남자랑 자면 어떨까?' 하는 마음까지 들 수 있다.

여자가 절로 응큼해지는, 섹시한 남자의 성격이란 뭘까? 남자들이여, 진정하고 정독해보자.

남자의 유머가 여자를 뜨겁게 만든다

첫 번째, 유머 감각이다. 진화심리학자 데이비드 버스David M. Buss의 연구 결과는, 남자가 여자를 유혹할 수 있는 가장 효과적인 전술이 바로 유머임을 말해준다. 이 연구에 참가한 여성은 말한다.

"침대에 함께 편하게 누워서 웃을 수 있다면 섹스가 더 즐겁고 행복해지죠."

유머러스한 사람과 있으면 생소하고 예기치 못한 상황이 벌어져도 함께 웃어넘길 수 있다. 침대에서도 마찬가지다. 색다른 것을 시도해보고 싶을 때 상대방이 어색하게 나오면 어쩌나 하고 두려워하지 않아도 된다. 그래서 더 솔직하고 즐거운 섹스를 할 수 있다.

또 다른 연구에서는 우리가 이성에게 끌리는 순간을 알아보는 실험을 진행했다. 싱글 남녀들을 두 사람씩 짝지어 대화하도록 했는데 결과가 상당히 흥미롭다. 남자는 자기 이야기에 잘 웃는 여자에게 끌렸고, 여자는 반대로 자기를 웃게 만들수록 그 남자에게 끌렸다.

유머러스한 남자는 센스 있다는 인상을 준다. 다른 사람을 웃긴다는 건 사실 대단한 능력이다. 일단 감정이입이 가능해야 하고, 상상력을 통해서 상대방의 반응을 예측해야 한다. 특히 기승전결이 있는 유머를 구사하면 굉장히 똑똑하다는 인상을 줄 수 있다.

남자 개그맨들이 유독 아름다운 아내를 맞는 경우가 많은 것도 이 때문이리라. 언젠가 TV에서 "저 몇 살로 보여요?"라는 여배우의 질문에 남자 개그맨이 대뜸 "세 살이요!"라고 대답하는 장면을 보았다. 물론 여배우는 웃음이 팡 터졌다. 남자들이 써먹기 참 좋은 유머다. 장담하는데, 100퍼센트 먹힌다. 기분이 좋아지면 그 사람을 좋아하게 마련이다.

치명적인 주의사항이 있으니, 바로 아재 개그다.

"아이스크림이 왜 아이스크림인지 알아요? 아이가 소리 질러서 아이스크림이에요. 아이! 스크림!"

이런 맥락 없는 아재 개그를 던져놓고 혼자 숨넘어가게 웃는 남자들이 있다. 여자가 질색한다는 걸 부디 알아두길 바란다. 겉으로는 한쪽 입꼬리를 어색하게 올리며 웃고 있지만 속으로는 "아오, 이걸 그냥!" 할지도 모른다.

나는 동성 친구들에게 "네가 남자면 진짜 매력 있겠다"라는 이야기를 더러 듣는다. 남자친구가 해줬으면 싶은 농담을 내가 잘 던지는 모양이다. 내가 애용하는 농담은 이런 것이다.

예를 들어 연주라는 친구가 뭔가를 잘했을 때 "연주가 아주 오늘 연주했구만!" 하고 칭찬하는 것이다. 그다음부터는 어떤 긍정적인 상황에서 '연주했다'를 형용사처럼 쓴다. "연주연주한 걸?", "연주하구만." 이렇게 연주라는 친구가 얼마나 특별한지를 시시때때로 표현해주는 것뿐이다. 실제로 내 눈에 그렇게 보이고 느껴지니 표현하지 않을 수가 없다. 홍시를 홍시 맛이라고밖에 말할 도리가 없듯이 말이다.

다만 너무 진지하면 손가락이 없어질 수 있으니 익살스럽게 표현하는 요령이 필요하다. 그것이 곧 연인 사이의 유머가 된다. 상대방의 사랑스러움을 관찰하고 살짝만 비틀기. 여자가 가장 기분 좋게 웃을 수 있는 남자의 유머 감각이다.

남자의 진짜 자신감은 어디서 오는가?

여자가 섹시하게 느끼는 남자의 성격 두 번째. 자신감이다. 여자가 자신감 있는 남자를 좋아하는 건 의심할 여지 없는 만고불변의 진리다. 진화심리학적으로 보았을 때도 여자들은 자신감 있는 남자에게 끌린다. 자신감 있는 남자는 무리에서 영향력 있는 사람일 가능성이 크고, 위기 상황에서 여자를 강하게 지켜줄 것 같기 때문이다.

이는 지금도 마찬가지다. 자신감 있는 남자는 자원이 많은 남자라는 신호로 느껴진다. 이런 남자들은 마음에 드는 여성에게 당당하게 데이트 신청을 한다. 이들의 자신감은 보디랭귀지나 목소리 톤에서도 묻어난다. 어깨를 넓게 펴며 몸놀림도 큰 편이다. 낯선 곳에서 뭔가를 요구해야 할 때도 매너를 지키되 당당하게 목소리를 낸다. 자신감은 또한 유머를 동반하는 경우가 많다.

남자의 자신감은 금수저나 학벌에서 오는 것이 아니다. 부분적으로는 그럴 수 있지만, 배경만 내세우는 사람은 오히려 비호감으로 느껴진다. 남자의 진짜 자신감은 첫째 '내가 좋은 사람'이라는 자신감과 둘째 '나는 뭐든 할 수 있는 사람'이라는 자신감이다. 이 두 가지가 조화를 이루지 않으면 매력으로 다가오지 않는다.

타고난 매력이 있어서 자신감이 생기는 게 아니라, 자신감을 가지면 매력적으로 보이는 법이다.

모쏠남을 사랑꾼으로 바꾼 100일의 기적

도무지 자신감이 없어서 모쏠 신세를 면치 못하는 남자들에게 들려주고픈 이야기가 있다.

여기 친밀감이 가득 느껴지는 모쏠남이 있다. 심리학자 앨버트 엘리스Albert Ellis가 그 주인공이다. 어릴 때부터 너무 수줍었던 그는 대학생이 되어도 여전히 데이트 한 번을 하지 못했다. 열아홉 살의 어느 날, 그는 자신에게 준엄한 숙제를 부여하여 문제를 극복하고자 한다. 100일 동안 매일 브롱크스 식물원에 가서 여자에게 말 걸기 연습을 한 것이다. 동양이나 서양이나 백일기도는 효험이 있는 걸까, 드디어 그는 한 여성에게서 데이트 약속을 받아낸다. 참고로 그녀는 약속 장소에 나타나지 않았다. 99명에게 거절당하고 한 명에게 차이다니 이런 비극이 또 있을까. 하지만 처절한 실패로 보이는 이 특별한 실험은 결과적으로 그의 인생을 완전히 바꾸었다.

엘리스는 더 이상 여성에게 말을 거는 것에 두려움을 느끼지 않게 되었다. 이후 그는 평생 동안 제대로 사랑꾼다운 삶을 산다. 놀라운 사실은, 이 청년의 실험이 곧 인지행동치료의 시초였다는 것이다. 인간의 감정과 행동은 객관적 현실보다는 주관적으로 구성한 현실에 의해서 결정된다. 즉, 사실과 무관하게 자신이 철석같이 믿는 대로 느끼고 행동하게 된다는 것이다.

예를 들어 '나는 별로야'라고 믿는 사람은 이성 앞에서 한없이 작아진다. 이 생각을 '나는 매력적이다. 이성들은 나를 좋아한다'로 바꿀 수 있다면 이성에게 다가가는 것에 두려움이 없어지고 당연히 사랑의 기회도 많아진다. 혹여 거절을 당하더라도 그것은 '나라는 존재'에 대한 거절은 아니라고 여긴다.

엘리스는 이론을 정립하기도 전의 어린 나이에 스스로에게 치료사가 되었다. 막상 여자들에게 말을 걸어보고서 알게 된 중요한 사실이 있었다. 여자들이 거절하더라도 생각만큼 자신을 혐오하거나 적대적이지는 않다는 것이다. 또한 거절당하는 기분도 죽을 지경으로 괴로운 것은 아니었다. 엘리스는 실험을 통해서 세상 여자들도 자신과 같은 인간이라는 사실에 편안해졌다.

생각이 달라지면 세상이 달라진다. 엘리스는 수치심을 정서장애의 핵심적인 요인으로 보았다. 사람들은 수치스럽게 여기는 행동을 스스로 비난하며 다시는 시도하지 않으려 한다. 또한 수치심을 안겨준 자신의 행동으로 인해 자기 전체를 수치스럽게 여기는 과잉일반화의 오류를 저지른다. 엘리스는 자신에 대한 왜곡된 신념을 100번의 실험으로 완전히 바꿀 수 있었다.

엘리스처럼 공원에서 말 걸었다가 스토커 취급 당할까 봐 겁이 난다면, 조금이라도 안면이 있는 이성에게 연습하면 좋겠다. 자주 가는 카페의 예쁜 여직원이나 헬스장에서 몇 번 마주친 여성에게 가벼운 인사를 자연스러운 미소와 함께 건네보는 것이다. 하면 할수록 스스로에 대한 어색함과 부적절한 느낌은 줄어들고 이성의 거절도 견딜 만하다는 것을 알게 된다.

자신감이 부족한 남자들이여, 당신은 다만 손을 내미는 연습이 필요한 것뿐이다. 단 한 번의 시작이 필요할 뿐이다.

남자가 매달리는 여자의 특징

이번에는 남자의 집착을 부르는 여자의 매력에 대해서 이야기해보려 한다. 현실적이면서도 치명적인 이 매력을 가진 여자들은 겉보기엔 평범해 보여도 일단 사귀고 나면 남자들이 헤어나지 못하고 매달린다. 연상 연하 할 것 없이 남자를 매혹하는 여자들의 매력은 무엇일까?

사랑은 긍정의 에너지를 타고 흐른다

첫 번째 밝은 성격이다. 너무 단순한 이야기 같은가? 생각해보면 결코 쉽지 않은 일이다.

여고 시절에는 낙엽만 굴러가도 까르르 웃음이 터진다. 세상에 대한 기대감으로 충만하다. 하지만 사회에 나와 직접 부딪히면서 우리는 세상이 차가운 곳임을 실감한다. 어느 순간 자존감은 바닥으로 떨어지고 얼굴에 길게 그늘이 진다. 통계적으로 여자가 남자에 비해 우울증에 걸리는 확률이 두 배 이상 높다고 한다. 이는 호르몬의 차이 때문이라고 알려져 있다. 관계나 애착을 더 소중하게 생각하는 여성의 특성도 일부 영향을 미칠 것이다. 또한 살면서 겪는 부정적인 사건을 제때 해소하지 못하고 넘어갔을 때 마음에 옹이가 남기도 한다. 그렇기에 나이 들수록 밝은 성격의 여성이 점차 귀해진다. 성격 미인 여성들은 본인의 가치를 꼭 기억하시길 바란다.

물론 남자들도 사회생활에 치이고 스트레스가 쌓인다. 그러다 보면 예전처럼 연인에게 일일이 맞춰줄 에너지가 없다. 그래서 예민하고 어두운 여성보다는 나에게 좋은 에너지를 주는 사람, 같이 있으면 즐거운 여자가 귀한 보물처럼 느껴진다.

정신의학자 알프레드 아들러Alfred Adler는 다음처럼 말했다.

"기쁨과 웃음은 사람의 마음을 따뜻하게 한다. 사람과 사람을 연결시킨다."

실제로 우리가 웃는 표정을 지으면 뇌에서 '아, 내가 지금 행복하구나'라고 해석한다. 그러니 하루에 한 번이라도 거울을 보고 웃는 연습을 해보자. 참 사랑스럽다, 고생했다, 널 믿는다. 거울 속의 나에게 이런 예쁜 말을 들려주며 웃어주자.

고해가 절로 나오는 그녀의 섹시함

두 번째는 섹시함이다. 이 또한 너무 뻔한 말처럼 들릴지 모른다. 하지만 여기서 말하는 섹시함은 단순히 몸매나 애교를 말하는 게 아니다. 우리가 연인한테 느끼는 진정한 섹시함은 성적 교감이다.

많은 여자들이 반대로 생각하는 경우가 많다. 남자들이 섹시하고 성적으로 개방적인 여자보다 순진하고 조신

한 여자를 더 좋아할 것이라고 흔히 짐작한다. 하지만 남자는 의외로 그렇지 않다. 몇 번의 데이트를 거쳐 호감이 상승하는 상황에서 여자가 가벼운 스킨십을 슬쩍 먼저 시도할 때 남자들 마음은 쿵쾅댄다. 어떤 순간이든 입을 꾹 다문 채로 수줍게 웃거나 도무지 속을 알 수 없게끔 반응하는 여자는, 처음이라면 몰라도 시간이 흐를수록 답답하게 느껴진다. 교감에서 오는 즐거움을 함께 누릴 수 없기 때문이다.

혹시 남자에게 먼저 키스해본 적 있는가? 만약 없다면 꼭 한번 시도해보시길 바란다. 어떤 남자는 말하기를, 헤어진 여친과의 추억 중 결코 잊을 수 없는 장면이 하나 있다고 한다. 두 사람이 골목길을 걷던 중이었다. 티격태격 장난을 치던 도중 여친이 갑자기 두 손으로 남자의 옷깃을 부여잡고는 벽으로 몰아세우며 가볍게 입을 맞추었다. 초여름 공기가 달싸하던 그날, 여친이 두 발을 깡총 들고 '먹살 키스'를 해주었을 때 '나는 이 순간을 평생 잊을 수 없겠다'고 직감했다 한다.

여자들이 나이 들수록 스킨십도 섹스도 즐기고 좋아할 줄 알았으면 좋겠다. 이런 여자들은 성적인 의사 표현이 확실하다. 싫을 때는 분명히 의사를 밝히고, 원할 때는 누구보다 뜨겁다. 이렇게 주도권을 쥐는 여자들은 쿨하다. 섹스는 남녀 간의 자연스러운 즐거움이고 동등하게 누리는 것이라는 개념이 분명히 서 있다. 그래서 당당하고 성숙하게 느껴진다.

당연히 성감도 발달되어 있고 본인의 몸을 누구보다 잘 안다. 성적인 탐험에 적극적이어서 연인 사이에 둘만의 특별한 추억을 쌓는다. 남자의 사랑엔 성적인 부분이 상당히 중요하기 때문에 이렇게 성적 교감이 잘되는, 소위 궁합이 잘 맞는 파트너를 만난다면 "내 인생에 그녀 하나만은 허락해주소서." 하는 기도가 절로 나온다. 이처럼 여성의 섹시함이라는 특징은 남자의 육체와 정신 모든 면에 깊은 만족감을 준다.

그런데 생각해보면 섹시함이라는 것은, 모든 여자들 안에 내재된 본성이기도 하다. 자기 안에 있는 것을 조금만 끄집어내고 드러낸다면 좋겠다. 꼭 남자의 사랑을 받기 위해서라기보다 여자들 본인의 행복을 위해서라도 이 섹시함이라는 매력을 추구했으면 한다.

사랑한다면 "다 줄 거야"라고 말하지 말라

세 번째 특징은 '이기심'이라 표현해보려 한다. 이것은 사실 남녀 모두가 염두에 두어야 할 핵심적인 연애 심리다. 이기심이란 그러니까 자기를 생각하는 마음이다.

남자를 늘 긴장하게 만드는 여자가 있다. 바로 사랑이 식으면 언제든 떠날 거라는 생각을 심어주는 여자다.

"네가 뭔 짓을 하더라도 나는 네 편이다"라고 말하는 여자, 부탁하지도 않았는데 영양밥으로 도시락을 해 나르고 철마다 속옷을 사주는 여자는 이미 그에게 있다. 엄마 같은 연인이 되지 말자.

가족이 아닐진대 헌신하는 여자는 매력 없다. 본질적으로 그 헌신이 누구를 위한 것인지 생각해보자. 어쩌면 이는 자기 자신을 위한 헌신이다. '내가 너한테 이렇게 지극정성인데 나를 떠나면 너는 정말 인간도 아니다'라고 생각한다면 상대방을 기쁘게 할 수 없다. 말하지 않아도 어느 순간 무거운 부담으로 다가온다.

여자를 진짜로 사랑하는 남자라면 이렇게 생각할 것이다.

'제발 너의 행복을 추구해줘. 어느 순간에든!'

두 사람이 똑같이 이런 방식으로 사랑할 때 서로에게 빚이 남지 않는다.

헌신은 종종 희생이라는 변종을 낳는다. 희생은 한쪽만의 고통을 뜻한다. '더불어 행복해진다'는 사랑의 본질과 완전히 배치된다. 누군가의 헌신 때문에 꼼짝없이 붙들리는 상황을 어떤 남자도 원할 리 없다.

남자가 진짜로 떠날 수 없는 여자는 의무감을 지워 발목 잡는 여자가 아니라, 모든 순간을 '자기가 좋아서' 함께하는 여자다. 자기 마음을 잘 들여다볼 줄 알며, 함부로 내어주고 후회하는 일은 결코 하지 않는다. 나는 그것이 인색함이 아니라 오히려 순수함이라 생각한다.

"절대로 내 곁을 떠나면 안 돼"가 아니라 "지금 너를 너무 사랑해. 지금처럼 서로 행복하다면 언제까지나 네 곁에 있을게"라고 말하는 것이 진정한 사랑이 아닐까. 그럴 때 남자는 언제고 포르르 날아가 버릴지 모르는 새를 보듯, 긴장의 끈을 놓지 못한다. 마음속에 그녀의 존재가 점점 크게 자리 잡고, 한시라도 떠나기 싫은 존재가 된다.

♡
♦
●

여자들이 좋아하는 남자의 말투

첫인상은 꽤 괜찮았는데 막상 대화를 몇 마디 나눠보고는 '영 아니다.' 싶은 경우가 더러 있다. 남자들 중에는 '예쁘면 뭐든지 용서된다'는 경우도 적지 않지만, 여자들은 아무리 외모가 내 취향이어도 대화가 턱턱 걸리면 실망감이 앞선다.

여자가 사랑할 수밖에 없는 멋진 남자의 대화법은 어

떤 것일까? 고급 기술이니 귀 기울여주시길 바란다.

자신을 누구와도 비교하지 않는다

여자는 조건을 따진다고 흔히들 생각한다. 그래서 남자 입장에서는 나의 조건이 충분하지 않다고 느끼면 뭔가 위축이 된다. 급한 마음에 누군가와 자기를 비교해서 타인의 가치를 낮추는 말을 자기도 모르게 하곤 한다.

"제가 정일이 그 친구보다는 조금 더 법니다."

이런 식이다. 남을 낮추면 자기 가치가 높아진다고 생각하고 실수하기 쉬운데, 이러면 어딘가 구차해 보인다. 자기 스스로를 가치 있게 여기는, 한마디로 내면적 가치가 높은 남자가 훨씬 더 매력적이다.

"남한테 아쉬운 소리 안 할 정도는 버는 것 같습니다."

이 정도로 대답하는 편이 무난하다. 구체적으로 이야기하면 상대방은 더 혹할 수 있겠지만 그런 기대감을 굳이 충족시켜 줄 필요는 없다. 혹여 조건만 보는 사람이라면 걸러야 하니 말이다.

설득하지 않고 설득하게 만든다

여자가 나를 좋아하게끔 만들려고 굉장히 애쓰는 남

자들이 있다. 보통 연애 초보들이 이런 실수를 많이 한다. 어떻게 해야 저 여자가 나를 좋아할까 싶어 끊임없이 자기를 홍보한다. 어느 정도라면 귀엽지만, 정말 절실하게 노력하는 모습으로 비치면 매력이 떨어진다.

예를 들어서 이런 식이다.

"겨울이라서 아쉽네요."

"왜요?"

"저 여름이면 장난 없습니다. 헬스 해서 몸이 완전 좋거든요."

열심히 가꾼 근육을 꺼내 보이지 못해서 안달이 난 것만 같다. 하지만 남자가 직접 말해서 아는 것보다 여자가 스스로 발견해서 알게 되는 쪽이 100배는 효과적이다. 참고로 민소매 티를 입어야만 여자가 근육을 알아보는 것이 아니다. 셔츠 속에 감춰진 탄탄한 가슴과 허리선을 여자는 알아서 다 예리하게 스캔한다. 다른 장점들도 마찬가지다. 내가 말하지 않아도 상대는 지금 부지런히 파악하는 중일 것이다. 괜히 찬물을 끼얹지 말자.

무엇보다 그녀가 당신을 좋아하게끔 만들려고 설득하지 말라. 거꾸로 그녀가 당신의 호감을 사기 위해서 노력하게끔 잠시 느슨하게 끈을 놓아보자. 당신 또한 여자에게 원하는 모습들이 있을 것이다. 상대방 여성에게 그런 점들이 있는지, 나에게 그런 모습을 보여주는지도 확인하자. 당신의 그런 자신감 있고 담담한 태도가 오히려 여성의 마음을 흔든다. 여유를 잃지 않는 남자가 여자를 잃지 않는다.

여자의 까칠한 말은 쿨하게 넘긴다

여자는 남자에게 호감을 느끼는 순간 당혹감이 동시에 올라온다. '어? 내가 지금 저 남자한테 끌리는 거야?' 싶어 자기도 모르게 방어적이 되고 그 낌새를 들킬까 봐 초조해진다.

이 시점에서 여자들은 자존심을 세우면서 뭔가 까칠하게 굴게 된다. 그래서 상대방을 은근히 깎아내리는 농담을 던지기도 하고, 살짝 무시하는 듯한 태도를 보이기도 한다.

남자 입장에서는 '저 여자 뭐야?' 싶고 당황스러울 수 있다. 하지만 별 의미가 없는 말들이니 상처받을 필요 없다. 여기에 좌절하면 하수다. '내가 이 남자한테 이렇게 빨리 빠질 리가 없어.' 하는 새침한 방어기제가 작동한 것뿐이다. 만약 평소 잘 지내던 이성 동료나 친구가 느닷없이 까칠하게 군다면 오히려 나한테 관심 있어서 저러나 하고 가볍게 흘려보내면 된다. "와, 지금 뭐라고 했냐. 선 넘네!" 하고 칼같이 반응했다가는 남모르게 피어오르던 로맨스가 차게 식어버릴 수 있다.

물론 입버릇이 워낙 안 좋은 여자, 혹은 당신에게 진심으로 원한이 있는 여자도 있을 수 있다. 그러나 당신에게 호감 있는 여자라면 분명 이중 시그널을 보내고 있을 테니 잘 들여다보자. .

끊긴 이야기는 굳이 이어가지 않는다

무슨 말인지 예를 들어 설명해본다.

당신은 썸녀와 음식점에서 대기하는 중이다. 지루함을 달래고자 당신이 흥미로운 이야기를 꺼낸다.

"제가 군대 갔을 땐데, 그날이 일요일이었거든요. 6대 6 축구를 하려는데 갑자기 〈1박 2일〉 강호동이 왔다는 거예요."

이야기보따리를 야심 차게 풀었는데 종업원이 다가와 말을 끊는다.

"4번 손님, 몇 분이세요?"

테이블을 안내받고 음식을 주문하느라 대화는 자연

스럽게 중단된다. 다시 두 사람만 남았을 때 아까 하던 이야기를 마저 해야 하나 싶어진다. “아, 그래서 아까 그 강호동이 왔다고 했잖아요.” 하고 이어가기에는 좀 머쓱하다. 이럴 때는 그냥 자연스럽게 그 이야기를 잊어버리는 편이 좋다.

상대편이 정말 궁금하다면 “아, 아까 그 얘기 그래서 어떻게 됐어요? 강호동이 진짜 왔어요?” 하고 물어볼 것이다. 그렇지 않다면 그 얘기는 끝난 것으로 하고 다른 주제로 넘어가는 게 더 자연스럽다.

원래 대화라는 것이 서로 관심을 보이고 ‘티키타카’를 하는 것 아니겠는가. 내가 공을 던졌는데 상대방이 받지 않는다면 굳이 가서 다시 주워 올 필요는 없다.

때로 깊이 있는 질문을 던진다

“혹시 남들은 모르는 나만의 장기 있어요?”, “자신에 대해서 가장 좋아하는 점이 뭐예요?”

이렇게 그녀가 스스로에 대해 깊이 생각하고 이야기할 수 있는 질문을 한번쯤 던져보라.

이런 질문은 바꿔 말하면 “내가 당신을 사랑해야 할 이유에 대해서 말해주세요”라고 초대하는 것과 마찬가지다. 그녀를 특별하게 만드는 동시에 내가 사랑에 빠질 수 있는 현명한 방법이다.

침묵을 견딘다

대화 중간에 잠깐 침묵이 흐를 때가 있다. 그럴 때면 괜히 조바심이 나서 어떻게든 침묵을 깨고 말을 이어가야 할 것 같다. 사실 10초밖에 안 될지라도 참 견디기 힘든 시간이다.

하지만 침묵도 대화다. 잠시 침묵을 견뎌주었으면 좋겠다. 시선을 맞추고 부드러운 미소를 띠면서 여유 있게 생각한다거나 상대방 얘기를 기다린다거나 하면서 두 사람 사이의 공기를 잠깐 맛보는 것도 괜찮다. 아무 말로나 침묵을 채우려 하는 것보다 훨씬 매력적이다.

생각이 달라도 인정해준다

남녀를 불문하고 상대방의 말에 시시비비를 가리려 하는 사람들이 있다. 상대방은 그저 자기의 생각이나 경험을 풀어놓았을 뿐인데 "뭐? 말도 안 돼"라든가 "그게 아니지." 하면서 자기가 옳다고 믿는 사실을 강하게 부연하는 경우는 대화의 재미를 떨어뜨린다.

이런 실수를 특히 남녀 사이에 조심했으면 한다. 상대 여성의 말이 동의하기 어려운 내용이라 하더라도, 일단은 본인의 이야기를 나누었다는 사실 자체를 평가해준다면 좋겠다. 그 사람 생각을 인정하는 반응을 보여주는 것이 먼저다.

칭찬이나 인정은 생각해보면 한층 더 높은 위치에 선다는 의미이기도 하다. 보통 윗사람이 아랫사람을 칭찬하고 인정하는 경우가 흔하지 않은가. 그래서 알게 모르게 나의 포지션과 매력도가 함께 높아진다.

♡
♦
●

마리아 수녀에게 배우는 남자 가슴에 불 지르는 기술

상담을 해오는 여자분들 중에 "도대체 어떻게 매력을 발산해야 하는 건지 모르겠다"고 말하는 경우가 많다. 어렵다면 어렵고, 쉽다면 또 쉬운 것이 바로 연애다. 나의 모습을 있는 그대로 보여주고 그 모습에 서로 빠져드는 이상적인 사랑. 어떻게 해야 하는 걸까?

연애가 서툰 여성들에게 모범 사례로 추천하고픈 영

화가 한 편 있다. 다들 들어보았을 고전 영화 〈사운드 오브 뮤직The Sound Of Music〉이다. 이 영화는 아이들의 순수한 동심, 애국심, 가족의 사랑, 아름다운 음악 등 여러 가지 요소를 포함하지만 무엇보다도 완벽한 로맨스가 그 안에 있다.

나는 연애론을 공부하고 나서 영화 속 여주인공 마리아가 타고난 연애 천재라는 사실을 깨달았다. 열 번도 넘게 이 영화를 보았지만 남자가 사랑에 빠질 수밖에 없게끔 만드는 그녀의 능력에 매번 감탄하곤 한다. 썸남 가슴에 불을 지르는 결정적 한 방. 마리아를 통해서 배워보자.

남자의 굳은 마음을 두드린 호루라기 소리

트랩 대령의 집에 아이들을 돌볼 가정교사로 도착한 견습 수녀 마리아. 그녀는 첫 등장부터 대령에게 강렬한 인상을 남긴다. 아이들 이름 대신 호루라기를 불어대는 대령 앞에서, 아이들은 사랑스러운 이름을 불러야 한다고 말한다. 잠시 후 마리아에게 호루라기를 쥐어주고 뒤돌아서 가는 대령에게 마리아가 호루라기를 '휘익' 분다.

그러곤 "당신은 어떻게 불러야 하는지 몰라서 호루라기를 불었다"라며 한 방 먹인다.

마리아는 아이들에 대한 철학이 아주 확고하다. 자기 주관이 뚜렷한 모습은 남자가 사랑하는 여자의 중요한 특징이다. 적당히 남자의 비위를 맞추거나 갈등을 피하려고 동의하는 척하지 않는다. 어떻게 보면 대령은 마리아에게 직장 상사나 다름없다. 하지만 그의 규칙이 자신의 주관과 반대될 때 의견을 당당히 얘기한다. 두 사람의 첫 만남은 대령에게 강렬한 인상을 남기고도 남았으리라.

그 뒤에 이어지는 저녁 식사 장면을 보자. 짓궂은 아이들은 마리아의 의자에 몰래 솔방울을 놓는다. 마리아는 아무것도 모른 채 앉았다가 솔방울에 찔려서 펄쩍 뛰어오르고 아이들은 그 모습을 보며 깔깔 웃는다. 새로운 가정교사가 올 때마다 늘 벌어지는 일이기에 대령은 짐짓 모르는 척, 왜 그러냐고 묻는다.

마리아는 "어머, 애들이 장난쳤나 봐요. 너네 진짜!" 하는 대신 류머티즘 때문이라고 답하면서 장난꾸러기 아이들을 감싼다. 훗날 두 사람이 고백할 때 대령은 이 순간 그녀와 사랑에 빠졌다고 털어놓는다.

이 장면은 상당히 매력적이다. 남자는 여자의 반응을

어느 정도 예상하고는 지켜보는 중이다. 수녀 견습생 마리아가 화들짝 놀라 뛰어오르는 모습은 대령에게 상당히 이례적으로 보였을 것이다. 거침없는 몸짓이 순수하면서도 사랑스러워 보인다. 게다가 내 아이들에 대한 배려가 느껴지니 마리아의 반전 매력에 빠져들 수밖에 없다.

마리아의 말과 행동은 항상 선명하고 스스럼없다. 자기만의 철학과 주관이 그녀의 행동을 더 매력적으로 보이게끔 만들어준다.

대령의 동공이 요동치던 순간

대령이 약혼녀와 여행을 떠난 사이 마리아는 아이들과 한바탕 즐거운 소동을 벌인다. 커튼을 잘라서 애들 옷을 만들어 입히고 도레미송을 부르면서 여기저기 신나게 돌아다닌다. 대령이 돌아오던 순간 마리아와 아이들은 배를 타고 있었다. 대령에게 인사를 하다가 모두들 우스꽝스럽게 강물에 풍덩 빠져버린다. 대령이 불같이 화를 내자 마리아는 "아이들에게는 아빠의 사랑이 필요하다"며 쓴소리를 한다. 평소 아이들에게 애정 표현을 일절 하지 않고 엄격하게만 대하던 대령의 교육 방식을 지적한 것이다. 여기서 대령은 고집을 꺾지 않고 결국 해고 통보를 하고 만다.

하지만 나는 보았다. 마리아가 물에 흠뻑 젖어서 올라올 때 대령의 동공이 흔들리는 모습을. 여자가 봐도 설레는데 말해 뭐할까. 분명 마리아가 섹시해 보였을 것이다.

남자는 동적인 것을 좋아한다. 어릴 때부터 공을 차고 놀고 커서는 당구라도 친다. 반면에 여자들은 보통 한자리에 모여 앉아 수다를 떨며 논다. 그래서 여자가 몸 쓰는 모습, 씩씩하게 움직이는 모습을 보면 남자는 눈을 뗄 수가 없다. 그중에 으뜸은 단연 물놀이다.

실제로 대령은 말로는 해고한다고 해놓고 미련을 뚝뚝 흘린다. 이날 이후 마리아가 노래하라고 시키니 순순히 〈에델바이스〉도 부르고, 그녀를 아련하게 보면서 시선을 맞춘다. 약혼녀의 부탁으로 열린 파티에서는 그야말로 사랑에 빠진 남자의 모습을 여실히 보여준다. 마리아에게 춤을 청하고는 애틋한 표정으로 그저 원 없이 그녀를 바라본다.

영화 〈구름 속의 산책A Walk In The Clouds〉에도 또 한 명의 연애 천재 여주 등장한다. 키아누 리브스가 사랑에 빠진 결정적 순간은 그녀가 치마를 허벅지까지 걷어 올린 채, 큰 나무통 속에서 포도알을 밟으며 춤추던 장면이다.

그러니 좋아하는 사람 앞에서 너무 몸 사릴 필요가 없다. 계곡물에 뛰어들어서 화장이 번져도 괜찮고, 신나게 놀다가 넘어져도 괜찮다. 원초적인 모습이 훨씬 매력적이다. 그것이 남자 맘에 불 지르는 필살기임에, 트랩 대령을 포함한 모든 남자들은 동의할 것이다.

진흙탕 싸움 없이 사랑의 승자가 되려면

대령의 마음이 흔들리는 것을 보고 약혼녀는 마리아에게 수녀원으로 돌아가 달라는 뜻을 비친다. 마리아는 진흙탕 싸움을 하지 않고 쿨하게 떠난다. 그리고 수녀원에 머물며 자기 감정을 모두 정리하고 도리어 확신을 가지고서 돌아온다. 이 결정은 본의 아니게 대령에게도 그녀와 떨어질 시간을 주게 된다. 대령 또한 마리아의 빈자리를 보며 자기 감정을 확인했을 것이다. 마리아가 용기를 내서 돌아오자 대령은 스스로 약혼녀를 정리한다. 그리고 마리아에게 사랑을 고백한다.

이 모든 과정은 상당히 이성적이다. 그러니까 납득이 가고 합리적이다. 그리고 한편으로는 자기 감정에 더없이 솔직한 행동을 보여준다. 마리아는 모든 상황에서 매번 품위 있는 선택을 했다. 그녀의 진지하면서도 성숙한 행동은 대령에게 신뢰를 주었을 것이다.

연애하면서 우리는 늘 헷갈리는 상황에 놓인다. 여기저기서 조언을 듣고는 말과 다른 행동을 한다든가, 헤어지자고 해놓고 다음날 술에 취해 울면서 전화하기도 한다. 이렇게 행동하면 그 사람에 대한 존경심이나 신뢰가 생기지 않는다. 진심이 담긴 성숙한 사랑에 여자나 남자나 마음이 움직인다.

연애 천재 마리가 전수해준 '남자가 사랑에 빠질 때'의 원칙을 잊지 말자.

그 사람이 나에게 완전히 넘어오지 않은 것 같다면?

사랑에 빠졌으나 행복하지 않다는 어느 30대 여성의 사연을 들어보자.

연애를 막 시작했습니다. 남자친구는 평소 제 이상형에 가까워요. 외모도 훈훈한 데다가 굉장히 성실해요. 모든 면에서 존경스러운 그런 사람입니다. 문제는 이 사람이 너무 바빠서 데이트할 시간을 제대로 내지 못한다는 거예요.

최근 들어서는 하는 일이 힘들어졌나 봐요. 스트레스를 많이 받는 것 같은데, 그러면서 연락하는 횟수도 줄어들고 최근 2주 동안은 아예 만나지도 못했어요. 이 사람을 사귄 지 세 달이 되어가는데 만난 횟수는 열 번 정도밖에 안 돼요. 그나마 처음에는 매일매일 연락이라도 했는데 이제는 연락도 뜸해져서 저는 기다리느라 하루 종일 핸드폰만 들여다보고 있어요.

이 여자분은 어떤 선택을 해야 할까? 어떻게 반응해야 서로 신뢰를 쌓을 수 있을까?

비슷한 고민을 흔하게 듣는다. "이 사람 마음이 도대체 뭘까요? 날 좋아하는 거 맞나요?" 하면서 두 사람 사이의 대화창을 캡처해서 보내주는 분들이 많다. 또 자신이 어떻게 답변하면 좋을지를 묻기도 한다. 물론 '이런 답변이 가장 적절하다'라고 조언해줄 수는 있지만, 결국은 각자가 근본적인 연애의 심리를 깨닫고 그것을 적용하는 일이 필요하다.

여기서 중요한 것은 일관성이다. 일관성이라는 것은

어떤 상황과 맥락에서 가장 자연스럽게, 그리고 솔직하게 자신의 입장을 적절히 드러내는 것이다. 만약 이런 일관된 태도를 상대방이 납득하게 되면 그것이 곧 신뢰로 이어진다. 이 신뢰감이 마치 수능의 국영수처럼 연애에 있어서 탄탄한 기본기가 된다.

혹여 늘 썸만 타다가 끝나버리는 패턴을 겪는다면, 내가 반응하는 방식이 상대방에게 신뢰감을 주지 못한 것은 아닌지 한번 생각해볼 필요가 있다.

찐사랑에는 합의가 필요하다

위의 사연을 보내준 여성은 이렇게 말했다.

"내 진심을 보여줘야 하지 않을까요? 남자는 자기 내면을 알아봐 주는 찐사랑을 잊지 못한다고 하던데, 내가 바로 그 대상이라는 걸 알게 되면 마음이 넘어오지 않을까요?"

성공에 대한 강박으로 힘들어하는 남자를 격려하고 지지해주면 언젠가 자신에게 기대게 되지 않을까 한다는 것이다. 자, 과연 그 남자에게 여자의 진심을 보여주면 온전히 받아들이고 사랑이 깊어질 것인가? 안타깝지만 나는 아니라고 말해줄 수밖에 없었다.

여자분이 말하는 찐사랑은 두 사람 사이에 사랑의 형태가 어느 정도 갖추어진 다음에 일어날 수 있는 일이다. 초반에는 서로의 마음을 확인하고 서로가 어떤 사람인지 알아보며 애착이 차곡차곡 쌓여가는 단계다.

내 마음을 온전히 안 받아주는 사람이 밉고 서운하기는 하지만 이것이 어쩔 수 없는 인간의 심리다. 마음이 너무 빨리 차올라서 기승전결 모두 건너뛰고 '최고 사랑의 수준까지 내가 보여주겠다'라고 하는 것은 어떻게 보면 나만의 욕심일 수 있다.

상대방 입장에서는 '지금 막 알아가기 시작하는 단계에서 뭘 보고 나를 이렇게까지 좋다고 하는 거지?' 하는 의구심이 들고 부담을 느낄 수도 있다. 정말 첫눈에 불꽃이 타올라서 미친 듯이 빠져드는 사랑도 있지만 그런 축복 같은 관계는 극히 드물다. 특히 서른을 넘었다면 남자든 여자든 한층 신중해진다. 남자는 전두엽이 완성되는 시기가 서른이라고 한다. 어릴 때는 앞뒤 가리지 않고 정열을 쏟아붓는 연애를 했다면, 이제는 천천히 시간을 들여서 객관적으로 상황을 판단하려 한다.

나에게 연락도 뜸하고 데이트 준비도 소홀한 남자라면 그리 좋은 신호가 아니다. 이때 그 사람의 사랑을 붙들기 위해서 내가 고를 수 있는 선택지는 그리 폭넓지 않다. 내가 할 수 있는 최선은, 나라는 사람에 대한 신뢰를 쌓을 수 있도록 일관되고도 합리적인 모습을 보여주는 것이다.

"너랑 재미있게 잘 만나고 싶은데 네가 바쁘니까 안타깝고 아쉽다."

이런 태도를 취하면서 한 발짝 물러서는 것이 좋다. 그래야만 시간이 좀 흐른 뒤 이 사람이 여유가 생겼을 때, 나를 떠올리고 나한테 다시 적극적으로 연락할 수 있다. 무리수를 둬서 좋은 결과를 보기는 힘들다.

이 여자분이 연애 초기에 느낀 그 강력한 감정을 나는 사랑이라고 말하고 싶지 않다. 그건 사랑이 아닐 것이다. 감정이 널을 뛰고, 그 사람 생각이 자꾸만 나고, 이 사람과 혹시라도 잘 안 될까 초조하고 불안한 감정을 사랑이라고 섣불리 예단하지 말자. 혼자 하는 사랑은 사랑이 아니다. 단기간에 끝장을 보려 한다면 쉽게 상처받을 것이고, 연애 자체에 회의만 남을 수 있다.

갈등은 없는 척한다고 없어지지 않는다

또 다른 예를 들어보자. 크리스마스가 내일모레인데 썸남이 그날 약속에 대해 어떤 얘기도 꺼내질 않는다. 어딜 갈지, 뭘 하고 놀지 물어보고 싶지만 조르는 모양새는 싫다. 그래서 상대방이 먼저 말을 꺼내주길 기다리며 일단 그날 일정을 모두 비워놓는다.

그렇게 끙끙 속앓이를 하다가 크리스마스 이브날 썸남이 전화를 걸어온다. "오늘 시간 있어?"라는 질문에 "응, 괜찮아"라고 기다렸다는 듯이 대답한다. 이것은 신뢰를 주는 행동일까?

크리스마스는 세상 모든 연인들이 행복한 시간을 보내는 축제의 날이다. 그런데 상대방이 나와의 만남을 마지막까지 염두에 두지 않았다는 것은 매우 섭섭한 일이다. 그럴 때 섭섭하다고 표현하는 것을 어려워하지 말자. 이 경우에는 연락이 오더라도 굳이 만나지 않을 것을 권한다.

"뭐야, 설마 오늘 약속 잡자는 건 아니지? 오늘 크리스마스 이브잖아. 미리 연락도 없었는데 오늘은 당연히 일정이 있지."

이런 식으로 짧게 대화를 마쳤으면 한다. '너에게 실망했고 거리가 약간 멀어졌지만 대단히 우울한 일은 아님.' 정도의 메시지를 전달하면 충분하다.

더 좋은 방법은 미리 연락해서 "우리 크리스마스 때 안 만나? 나 오빠랑 재밌게 놀고 싶은데." 이렇게 직구를 던지는 것이다. 이편이 서로가 편하다. 만약 상대가 시큰둥하다면 이렇게 답해주자.

"그렇구나. 좀 실망스럽네. 나는 그럼 다른 모임에 가야겠다. 나중에 연락해."

포인트는 '나중에'다. 기약 없이 나중에 연락하라며 살짝 거리 두는 반응을 보일 것을 권한다. 토라져서 연락을 한동안 안 받거나, 다음에 만날 때까지 그 기분을 끌고 와서 "내가 왜 화났는지 정말 몰라?" 하며 쏘아붙이는 것보다 훨씬 솔직하고, 그래서 신뢰가 가는 태도다.

상대방은 나를 실망시켰음을 분명히 알아야 한다. 그 감정을 솔직히 표현함으로써 상대방도 실망감을 느끼는 것이 순리에 맞다. 그 정도의 갈등마저 두려워한다면 연애가 너무 힘들어진다.

소소한 순간의 신뢰가 사랑을 움직인다

서로 신뢰감을 잃는다는 것이 꼭 바람을 피워서만이 아니다. 순간순간 이 사람의 태도에 얼마나 중심이 잡혀 있는가, 얼마나 맥락에 맞게 합리적인 반응을 보이는가가 신뢰의 밑바탕을 이룬다. 무엇보다 '이 사람이 나한테 절절 목매는 게 아니라 자기 감정을 소중하게 생각하는 사람이구나'라는 판단을 내리게 될 때 그 사람을 향해 마음이 기운다. 연인 사이의 신뢰감은 그런 소소한 순간들에 쌓인다.

에리히 프롬Erich Pinchas Fromm은 〈사랑의 기술〉에서 "모든 사랑의 형태에 공통된 어떤 기본적 요소들"이 있다고 말하며 그 네 가지 요소로 보호Care, 책임Responsibility, 존경Respect, 지식Knowledge을 꼽았다. 여기서 신뢰는 '존경'과도 연관된다.

내 감정을 무시하고 억누르면서 일그러진 애정을 표출한다면 상대방은 나를 신뢰할 수 없고, 존경할 수도 없다. 결국 한 사람은 상처를 입고 상대를 미워하게 된다.

"나 괜찮아, 시간 많아. 신경 쓰지 마. 10년도 기다릴 수 있어."

부디 이런 실수로 연애를 말아먹지 말았으면 한다. 내 마음의 중심을 꼭 잡고 나에 대해, 그리고 상대에 대해 신뢰를 차곡차곡 쌓길 바란다.

♡
♦
●

밀당이 필요한 유일한 때

연애를 잘하는 사람이란 오래도록 행복한 관계를 유지하는 사람이라고 할 때, 그들은 밀당을 좋아하지 않는다. 어떤 점에서 밀당이라는 것은 내 진심을 숨기고 상대의 감정을 인위적으로 움직이는 것이기 때문이다. 하지만 연애 천재들이 자기도 모르게 구사하는 유일한 밀당의 기술이 하나 있다. 바로 '보상과 처벌'이다.

밀당이 필요한 유일한 때

행동주의 심리학에서는 '인간은 학습하는 동물'이라는 것을 전제로 삼는다. 그러니까 긍정적인 행동을 보상받으면 계속하게 되고, 부정적인 행동에 대해 처벌을 받으면 더 이상 하지 않게 된다는 이야기다.

이것은 신뢰를 잃기는커녕 신뢰를 얻고 사랑을 지키는 밀당이다. 또한 내가 지지하는 연인 간의 유일한 밀당이기도 하다. 누군가를 조종하는 것이 아닌, 인간관계의 기본 원칙에서 연장되어 나온 합리적 행동이기 때문이다. 게다가 원칙이 너무도 단순하다. 나를 행복하게 했을 때 상을 주고 나에게 함부로 굴었을 때 벌을 주는 것이다.

강아지 훈련이나 아이를 훈육하는 것 같다고 느끼는가? 인간은 학습하는 동물이다. 우리는 죽을 때까지 보상과 처벌을 통해 학습하며 살아간다. 사회적으로 유해한 행동을 했을 때 법적 처벌을 받는 것도 행동주의 심리학에서 말하는 처벌과 같은 맥락이다. 법을 어기는 것이 사회를 혼란에 빠뜨리는 선택임을 학습시키려는 국가의 의도인 것이다.

우리는 연인에게도 올바로 행동해야 함을 학습시켜야

한다. 물론 방법이 반드시 가혹해야 한다는 뜻은 아니다.

제멋대로인 연인에게 자꾸만 상처를 받는다면?

어느 여성의 사연을 보자.

> 지금 만나는 사람이 말로는 사랑한다고 하는데 행동은 무뚝뚝해요. 기분이 좋을 때나 잠자리를 할 때는 엄청 적극적이다가 갑자기 축 가라앉아서 뚱하게 나올 때면 제가 뭘 잘못했나 싶고 불안해져요. 잠자리할 때나 평상시에나 늘 다정했으면 좋겠는데, 제가 어떻게 해야 할까요?

두 사람은 2년 반을 사귀었다고 한다. 그녀는 남친에게 많이 빠져 있었다. 모든 것을 맞춰주고 도와준다고 했다. 헌신적인 사랑을 주는데도 때때로 쌀쌀맞고 냉정한 남자의 태도 때문에 상처를 계속 받는다는 상황이 참 안타까웠다.

좋을 때 적극적이지 않은 남자가 어디 있을까? 지금 여자는 남자친구와 분위기가 좋을 때나 사랑을 나눌 때의 태도를 보고 자신을 사랑하는 거라 생각하고 헷갈려 한다. 하지만 이것은 나에게 좋은 행동을 한 것이 아니라 상대방이 취하는 즐거움이다. 물론 사랑하는 이의 기쁨은 나의 기쁨이기도 하다. 하지만 그러기 위해서는 상대방도 나와 같은 마음과 태도여야만 한다. 말로는 사랑한다면서 행동은 그에 걸맞지 않다면, 이건 보상해줄 상황이 전혀 아니다.

대부분의 사람은 그때그때 상황에 맞추어 필요한 행동을 적당히 취할 수 있다. 연인 앞에서는 연인에게 할 법한 태도를 가면 쓰듯이 습관적으로 할 수도 있다는 소리다. 그러다 갑자기 냉정하게 굴면 헷갈리고 상처를 받는다. 어떤 모습이 진심일까?

상대방은 '요즘 피곤해서 그럴 거야.' 하고 애써 위안하며 가느다란 긍정의 끈을 놓지 않으려 한다. 하지만 마음 한 켠에서는 '혹시 이 사람의 사랑이 식었나, 나를 떠나지는 않을까.' 싶어서 눈치를 살피고 비위를 계속 맞추는 행동을 한다. 침울한 얼굴로 나를 사랑하지 않느냐고 묻곤 할 것이다.

하지만 그런 행동으로는 연인을 바꾸지는 못했을 것이다. 그럼 어떻게 해야 할까?

감정적이지 않게 감정을 표현하기

행동주의 심리학의 관점에서 이 상황을 보자. 남자는 분명 부적절한 행동을 하고 있다. 이때 관심과 비위 맞춤이라는 보상을 해주면 남자의 행동은 강화된다.

"이렇게 기분 내키는 대로 행동해도 되는구나. 쌀쌀맞게 굴면 더 애태우고 잘해주네?"

이렇게 꿀 빠는 버릇이 학습되었을 것이다. 그러니까 정반대로 길들이고 만 것이다.

이럴 때는 "자기가 냉랭하게 구니까 재미가 없네. 나 이만 갈게"라며 밀어내는 반응을 보여야 한다. '감정 없이' 감정 표현을 하는 게 중요하다. 흐느껴 울거나 소리를 지르는 것은 오히려 효과가 없다. 덤덤하고 냉정하게 섭섭한 마음을 간단히 표현하는 것이 좋다. 이건 연습하고 습관 들이면 된다. 핵심은 상대가 부정적인 행동을 할 때는 무관심이 답이라는 것이다.

그리고 이때 보상에 해당하는 행동들, 즉 관심, 연락, 선물, 애정 표현 등을 모두 칼같이 끊어야 한다. 섹스는? 말해 뭐하랴.

이렇게 밀어내고 잠시 놔두면, 본인이 느낀다.

"뭔가 좀 잘못된 것 같네…… 많이 잘못됐는데?"

그러고는 왜 그러는지 물어올 것이다.

그럼 그때 대답해주는 것이다.

"나는 너랑 사랑하려고 곁에 있는 거야. 뭔가 기분 나쁜 일이 있을 때는 이유를 말해줬으면 해. 네가 그렇게 행동하는 게 늘 불편했어. 네가 말해주면 나는 배려받는다는 느낌이 들 것 같아."

이렇게 얘기함으로써 관계를 나의 방향으로 돌려놓을 수 있다. 만약 상대방이 또 실수하면 다시 밀어내는 태도를 보이고, 여러 번 반복된다면 관계를 끝낸다는 마음까지 반드시 가져야 한다.

연애에 독이 되는 밀당, 득이 되는 밀당

그렇다면 보상은 언제 해주는 걸까? 우리가 보상해야 할 것은 오로지 연인의 노력이다. 나에게 시간과 에너지를 들이고, 연락을 성의 있게 하고, 소소하게 마음을 표현할 때다. 내가 필요할 때 곁에 있어주려 하고, 서운해하지 않도록 미리 설명하거나 배려하는 것, 내가 하는 일을 응

원하고 관심을 가지는 것도 연인의 노력이다. 사랑을 느끼게 만드는 모든 노력에는 적절하게 보상해주어야 한다. 나 또한 상대방에게 나만의 노력을 더해 돌려주는 것이다.

오래 잘 사귀는 연인들의 관계에서는, 의식하건 의식하지 않건 이런 보상과 처벌의 과정이 끊임없이 선순환한다. 이 과정은 솔직하며 공평하기 때문에 부작용은 전혀 없다.

다른 어설픈 밀당이라는 것들, 연락에 답을 안 한다거나, 잠수를 탄다거나, 질투심을 자극하는 것 같은 짓은 하지 말자. 진실하지 않은 태도는 항상 독이 된다.

보상과 처벌의 원리로 이뤄지는 밀당을 이해하고 연애에 적용해보자. 필요한 순간의 합리적인 거리두기만으로도 당신의 연애에 건강한 윤택이 흐를 것이다.

The Most Useful Psychology For Love

5장

나쁜 연애는 피하고 좋은 연애를 택하는 법

이번 장에서는 사랑에 깊숙이 빠져버리기 전에,
상대방의 진짜 모습과 자신의 진짜 마음을 날카롭고도 명민하게 파악해야 하는 백 가지 이유를 매운맛으로 전해보려 한다.
그리고 매번 늪에 빠진 듯 불행한 사랑을 하게 되는 이유를 '인간의 심리'에 비추어 건져보았다.
사랑에 대한 가장 큰 오해는 '선함'이다.
사랑은 아름다우며 사랑에 빠진 사람들은
모두 선하다고 착각하기 쉽다.
사랑의 독은 '순진함'이다.
사랑에 빠지면 그 감정이 너무 특별하고 강렬해서
최상위의 무법지대에 상대방을 올려놓아 버린다.
이성적으로는 도무지 납득할 수 없는 용서와 희생이
가능해지는 기적이 일어나고,
사랑의 이름으로 공고한 신성불가침의 영역이 터를 잡는다.
이 도박 같은 하이패스는
누군가에게는 아름다운 사랑의 완성으로 비칠지 모르지만
또 누군가에게는 착취와 배신이라는 결과로 드러나고 만다.
상대방의 진짜 모습이 무엇인지,
자신의 사랑이 어떤 모양인지
객관화해야 함정에 빠지지 않는다.

♡
♦
●

기울어진 상대방의 시소를 띄우려면

여자친구 때문에 탈모가 올 것 같다며, 힘들다고 하소연하는 어느 남자의 사연을 소개한다. 사랑스러운 그녀에게 무슨 문제가 있는 걸까?

여자친구는 정말 귀엽고 예쁩니다. 제가 한참을 쫓아다닌 끝에 겨우 사귀게 되었고 이제 만난 지 1년 넘었어요.

그런데 우리는 아직도 갑과 을의 관계 같아요. 물론 처음에는 여친이 해달라는 대로 다 해주는 게 행복했죠. 여친이 친구들과 늦게까지 술 마시다가 집에 데려다 달라고 불러내면 새벽에 자다가도 일어나서 꼬박꼬박 나갔어요. 집에 컴퓨터가 이상하다고 하면 바로 달려가고, 한번은 여친이 출장 갈 때 키우는 강아지를 맡아달라고서 해서 너무 곤란한데도 맡아줬어요. 저한테 중요한 일이 있어도 여친 때문에 못 나간 적이 한두 번이 아니에요. 그런데 여친은 자꾸 명령하고 화를 내요. 혹시라도 부탁을 못 들어주겠다고 하면 화를 낼까 봐 말을 못하겠어요.

갑의 연애가 행복하지 않은 이유

"난 네가 기뻐하는 일이라면 뭐든지 할 수 있어."

오래전 유행했던 노래의 한 구절이다. 아름다운 멜로디의 노랫말을 절로 흥얼거리게 되지만, 이 가사는 실상 비현실적인 말을 하고 있다. 연애를 이런 자세로 했다가는 망한다. 연애는 나와 상대방 둘이 하는 것인데 나는 쏙 빠지고 상대방만을 주인공으로 만들어놓았기 때문이다.

상대방이 원하는 모습이 되는 식으로는 절대로 사랑을 얻지 못한다. 갑의 위치에서 연인을 거느리듯 하면 행복할까? 누군가가 자신에게 열광하여 헌신하면 자신이 꽤나 근사하게 느껴지고 으쓱해진다. 수족이 편해져서 의존하게 되는 나쁜 습관도 생긴다. 그러다 스스로의 이기적인 모습을 발견하게 되는 순간이 찾아온다. 썩 건강하지 않은 관계 속에 자신이 착취자라는 죄책감을 느낀다. 상대방에 대한 사랑이 부족할수록 죄책감은 커진다.

이런 관계는 갑의 연인에게 한편으로 허탈함을 안겨준다. 상대가 어떤 긍정적인 자극, 즉 매력적인 이미지로 자신을 집어삼켜 줬으면 하는 욕망이 충족되지 않는다. 을의 연인은 본인의 욕구는 정작 들여다보지 않기 때문에 솔직하지 못하다. 솔직하지 못하다는 것은 사랑에 치명적 단점으로 작용한다. 생생하게 자신을 드러내지 못하므로 상대방을 매혹시키지 못한다.

그렇게 두 사람의 관계는 습관처럼 이어지다가 어느 순간 연료가 떨어진 자동차처럼 멈춰버리고 만다. 앞바퀴 뒷바퀴가 있어야 자동차가 굴러가듯, 두 사람이 앞뒤에 각각 위치할망정 함께 작용해야 한다. 뒷바퀴가 아무것도 하지 않아도 되는 사랑이란 없다.

을의 연인이 알아야 할 진실, '그런 사랑 없습니다'

사랑하는 사람을 아기 보듯이 사귀면서 애태우는가. 정말 내 곁에 있기만 하면 된다고 믿는가. 아기를 울리지 않는 것이 중요하고, 모든 것을 충족시켜 줘야만 아기가 자기를 좋아할 거라고 믿는가. 그것이 가장 지고지순한 사랑이라며 자기의 헌신적인 모습에 취해 있는가.

을의 연애를 하는 이들은 "보아라, 내가 너를 얼마나 사랑하는지. 자, 이제 감동할 때가 되었을 텐데." 하는 마음으로 뼈와 애간장을 갈아 넣어 연애를 한다. 노력에 대해 상대방은 익숙해질 뿐, 감탄하고 존경하며 뜨겁게 안겨 오지 않는다. 좌절감이 반복되면서 자존감이 떨어지고, 상처 입은 영혼은 괴로움을 달래려 엉뚱한 중독적 해소구를 마련하기도 한다.

사랑은 헌신을 증명해서 얻는 게임이 아니다. 상대가 내 사랑에 언젠가 감동하고 "이런 사람 또 없습니다"라고 울며 매달리는 날이 올 것 같지만, 답은 '그런 사랑 없습니다'이다. 자신이 누군가를 착취한다는 느낌은 죄책감과 불쾌감으로 번질 것이다. 그리고 언젠가 그 사람은 떠나갈 것이다. 알고 보니 말기 암에 걸려서 자기는 잊으라며 남몰래 이별을 고하는 것이 아니다. 정말 질리고 싫어져서 떠나가는 것이다.

기울어진 상대방의 시소를 띄우려면

사랑에는 균형감각이 필요하다. 시소게임처럼 균형을 의식해야 한다. 시소가 기울었다면 상대방이 시소를 띄우도록 기다릴 줄 알아야 한다. 두 사람의 호흡이 맞을 때까지는 스스로 계산적이라는 느낌이 들지라도 더 좋은 관계를 위한 과정이라 생각하고 균형을 우선시하라.

연인이 무리한 부탁을 하면 달래줄 것이 아니라 자기 입장을 충분히 설명해주되 단호한 태도로 한계를 그어야 한다.

술 마시던 여친이 집에 바래다 달라고 새벽에 전화하는 일이 반복된다면 이렇게 말하면 된다.

"나 자고 있었어. 지금 너무 피곤해서 못 나갈 것 같아. 미안하지만 택시 불러서 조심히 들어가."

"뭐야? 나 혼자 어떻게 집을 가. 위험하게! 사고 나면 어떡해? 자기는 걱정도 안 돼?"

"걱정 돼. 그러니까 앞으로는 나 없을 때 늦게까지 술 마시지 마. 집 가서 도착 메시지 줘."

"알았으니까 오늘만 와. 나 겁난다고~ 안 오면 정말 화낼 거야"

"명령하듯이 말하네. 나도 네가 좀 걱정해줬으면 해. 잠도 못 자고 다음 날 출근하면 힘들 거라는 생각 정도는 해줬으면 하는데. 그리고 앞으로는 명령하듯 하지 말았으면 좋겠다."

거절해본 적이 없는 경우, 이렇게 하면 끝장이라도 날 줄 알지만 보통은 상대가 움찔하며 각성이 일어난다. 바로는 발끈하더라도 연락하지 않고 있으면 곧 연락이 와서 사과한다. 만약 끝까지 감정적으로 굴며 받아들이지 못한다면 관계 자체에 대해 다시 생각할 수밖에 없다.

그래도 괜찮다, 당신이 걱정하는 일은 일어나지 않는다

내가 원하는 것과 상대방이 원하는 것을 서로 채워주며 균형을 맞추는 것이 건강하게 사랑하는 방법이다. 연애 초기일수록 더더욱 그렇다. 이유는 이것이 서로의 존재를 드러내는 방법이며 강렬한 매력을 느끼게 되는 순간들이기 때문이다.

이것은 나를 위한 공평함, 즉 이기심이 있어야 가능하다. 사랑은 두 사람의 세계를 서로를 향해 확장해나아가는 것이다. 네가 좋아하는 것을 나도 좋아하고, 내가 좋아하는 것을 너도 좋아하는 것. 이때의 이기심은 절대로 부정적인 의미로 해석되어선 안 된다. 두 사람의 이기심이 만나 조율을 거쳐서 서로 충족되어야 한다, 둘 중 하나를 희생시키지 않는 방법으로 얼마든지 가능하며, 그래야만 한다.

그러므로 관계에서 내가 원하는 것을 생각하고 분명히 드러내자. 자신이 원하는 것을 언제나 후순위에 두는 것이 편하다면 그 결과는 결코 편하지 않을 것이다. 연인이 원하는 것을 내가 하고 싶지 않을 때, 내가 원하는 것이 연인이 원하는 것과 다를 때, 혹은 연인이 해달라는 것을 해주지 못할 때, 그건 당신의 잘못이 아니다.

연애 중에도 혼자만의 시간, 취미, 친구와의 교류 등 자신의 세계를 고스란히 영위해야 한다. 자신의 욕구를 있는 그대로 받아들이고 적절하게 충족시키지 못한다면 의식적으로 연습하면 된다.

언제나 식사 메뉴를 양보했다면 이런 연습을 해보자

"오늘은 나 매운 곱창이 당긴다! 곱창에 소주 먹자. 잘하는 집 알아놨어."

"어? 치맥하려고 했는데? 매운 거 부담되는데."

"그럼 넌 거기서 다른 메뉴 먹으면 되지. 나만 매운 곱창 먹을게. 치맥은 맨날 먹잖아."

이렇게 음식이든, 데이트 장소든 자신의 기호를 주장하고 드러내는 것부터 시작해본다. 그 사람도 당신처럼 얼마든 자기가 먹고 싶은 것을 참고 당신의 기호에 맞춰줄 수 있다. 오히려 뭔가를 희생하게 되면 상대방을 그만큼 가치 있게 여기는 것이 사람의 심리다.

당신이 업무로 지쳐 달콤한 잠이 간절할 때 야외로 놀러 가자는 연인의 부탁을 거절한다고 해도 당신을 이해해줄 것이다. 마음속으로 실망한다 해도 어쩔 수 없다. 당신이 원하는 것이 때로는 상대방을 실망시킬 수도 있다. 서로가 중요한 존재라면 그 정도의 실망감은 감수하게 된다. 전전긍긍하며 비위 맞추는 연애를 당장 그만두어도 걱정하는 일이 일어나지 않는다는 이야기다.

상대방에게도 나를 주인공 자리에 앉히는 사랑의 체험을 하도록 기회를 주어야 하지 않겠는가. 자신도 열심히 바퀴를 굴려 이 사랑에 공헌하고 있다는 자각을 하도록 만드는 것이 곧 체험적 사랑이다.

"난 '내'가 기뻐하는 일이라면 뭐든지 할 수 있어."

만약 노래 가사가 이렇게 달랐다면 연애를 제대로 하는 사람들이 좀 더 많지 않았을까.

왜 나쁜 연애를 멈추지 못할까?

누군가를 만나서 사랑하는 일은 이전에 없던 에너지를 쏟는 일이다. 서로에게 모든 경계를 허물고 다 내어줄 것처럼 사랑하다가 어느 날 이 사람이 어떤 사람인지, 내가 생각하던 사람이 맞는지 멍해질 정도로 헷갈리는 순간이 찾아오기도 한다.

연애할 때 가장 혼란한 순간은 아마도 내 연인의 치명적

결함을 발견할 때가 아닐까 싶다. 다음 사연처럼 말이다.

왜 나쁜 연인을 떠나지 못할까?

여친과 3년을 사귀었고 다음 달 결혼을 앞두고 있습니다. 여친은 한마디로 럭비공처럼 통통 튀는 사람이에요. 저는 좀 고지식한 스타일이라 자유분방한 여친에게 더 끌렸는지도 모르겠습니다.

그런데 최근에 충격적인 사실을 알게 되었어요. 여친이 카페를 창업했다가 망하는 바람에 억 단위 부채가 있다는 겁니다. 직접 말해준 것도 아니고 제가 우연히 알게 되었어요. 사실 돌아보면 그동안 여친 씀씀이가 비현실적이긴 했어요. 큰 빚이 있는데도 돈을 펑펑 썼다는 사실이 저로서는 이해가 안 갑니다. 이 심각한 상황을 왜 말하지 않았냐고 따졌더니 기회를 놓쳤다고 답하네요.

저는 어떻게 해야 할까요? 신뢰가 송두리째 흔들리는 기분이에요. 그런데 또 한편으로는 여친이 너무 안쓰럽고, 제가 나서서 해결해주고 싶어요. '모아둔 결혼 자금으로 여친 빚을 갚고 월세로 출발하면 되지 않을까?' 싶다가도

'이미 신뢰를 잃었는데 결혼할 수 있을까?' 하는 생각도 듭니다. 주변에서는 다들 뜯어말리는데 저는 쉽게 마음이 정리되지 않습니다.

사연을 준 남자분은 이렇게 힘든 상황을 극복하고자 하는 자신에게 스스로 놀랐다고 말한다. '내가 그만큼 여친을 진심으로 사랑하는구나.' 하는 생각이 든다고 한다.

사랑은 이렇게나 우리의 이성을 마비시키는 것일까. 상대방의 잘못을 덮으려는 심리, 이 또한 사랑일까?

우리를 옴짝달싹 못 하게 만드는 '대답 일관성의 원리'

인간의 흥미로운 심리를 엿볼 수 있는 사건을 하나 소개해본다.

1992년 10월 28일 12시. 하나님의 선택을 받은 자들이 하늘로 올라간다는 사이비 목사 이장림의 시한부 종말론이 대한민국을 들끓게 했다. 직장과 학업을 포기하고 휴거를 준비하던 많은 사람들은 교회로 가서 울며

기도했다. 하지만 밤 12시가 지났는데도 하늘로 들려 올라간 사람은 아무도 없었다. 이때 신도들은 어떤 반응이었을까? 목사는 사기죄로 구속까지 되었으나 놀랍게도, 자신이 속았다고 생각하지 않고 다음 휴거일을 기다리는 사람들이 수두룩했다.

어리석기 짝이 없는 이 모습에 인간의 심리가 숨어 있다. 바로 '대답 일관성의 원리'다. 심리학자 로버트 치알디니Robert Cialdini는 일관성 있게 행동하려는 인간의 욕구에 주목했다. 이는 물건을 잘 파는 사람들의 영업 비밀이기도 하다. 사람들은 자신이 입으로 뱉은 말, 동의한 것에 따라서 행동하고자 한다. 고가의 물건을 사면서 판매원에게 "이 물건이 마음에 꼭 든다. 환불하지 않겠다"라고 말한 경우에는 실제로 환불하지 않을 확률이 훨씬 높았다는 것이다.

우리는 이미 결정하고 대답한 것을 어기지 말아야 한다는 심리적 부담 때문에 스스로의 선택을 합리화한다. '이 물건 정말 괜찮네. 역시 내가 보는 눈이 있었어. 잘 샀어.' 하고 말이다.

위의 사건을 들여다보자면, 사이비 종교에 발을 들여놓는다는 것은 힘들게 모은 재산을 바치고, 아이들의 학업을 중단시키고, 미래를 위한 삶을 모두 포기하면서 중요한 사람들에게 자신의 믿음과 행보를 선언하는 일이다. 사이비 종교의 전략에 따라 돌아갈 다리를 다 끊어놓은 상태가 되어버린다.

이 총체적 선택이 잘못되었음을 인정해야 하는 순간, 인간은 이성적 판단을 하기보다 자기의 선택이 틀리지 않았다고 믿고 싶어진다. 지금껏 들인 돈과 시간과 에너지가 다 헛수고였음을 받아들인다는 것은, 한낱 연약한 인간이 견디기 너무 가혹한 일이다. 내 손으로 가족의 인생을 망쳤다고 인정하고 용서를 구하느니 차라리 월북하는 것이 낫겠다는 생각이 들 법하다.

그것은 참사랑이 아닌 투자 심리

연애할 때도 대답 일관성의 원리가 작동한다. 사랑하는 사람이 말도 안 되는 일을 벌였을 때, 심지어 범죄를 저질렀을 때조차 가족이나 연인은 그 사람이 그럴 리가 없다고 말한다. 진심으로 그렇게 생각하는 것일까?

이들 내면 사정을 보자. 사랑하는 사람에게 그동안 쏟

아부었던 열정, 투자했던 감정과 물질과 시간, 놓친 기회비용까지 쿨하게 받아들이기란 정말 쉽지 않은 일이다.

연인이 그럴 만큼 대단한 신뢰를 주었거나, 본인도 모르던 참사랑이 발현된 것이 아니다. 결국은 투자를 회수하고 싶은 '본전치기 심리'와 맞닿아 있다고 볼 수 있다. 애가 타는 것은 본전이 생각나기 때문이다. 잃은 돈이 클수록 배팅을 멈출 수가 없다. 그래서 도박판에서 돈을 한 번 잃는 사람은 모두 잃는 법이다.

사랑하는 사람에게서 치명적 결함을 발견했을 때 객관적으로 바라보고 판단한다는 것은 간단한 일이 아니다. 그럴수록 우리 안의 비이성적인 심리 기제를 알아채야 한다.

일단 시간과 거리를 두고서 그 사람에 대해 충분히 고민해야 한다. 그 과정을 거쳐 자신의 선택이 잘못되었음을 받아들이면, 그 모든 투자에 대해 손절만이 답이라는 사실을 깨우칠 수 있다. 투자처를 현명하게 선택하지 못했다면 그 부분에 스스로 책임을 지고 최소한의 선에서 손실을 감수해야 한다. 그것이 앞으로 당신에게 남은 금과 같이 귀한 날들을 지키는 길이다.

♡
♦
●

연애를 망치는 내 머릿속 훼방꾼, 비합리적 신념

서로 사랑하는 건 분명한데 상대방의 어떤 점 때문에 자꾸만 마음을 다친다고 말하는 이들이 있다. '그 사람을 믿을 수 없어', '사랑한다면서 왜 그런 행동을 하는 거야?'라는 생각들이 꼬리를 물고 머릿속을 휘젓는다. 이런 맘으로 하루하루 스러져가는 사랑을 하고 있다면 지금 생각해보자. 정말 상대방이 문제일까?

흑역사를 생산하는 비합리적 신념들

그리스 철학자 에픽테토스Epictetus는 말했다. "사람들은 사건 자체가 아니라 사건에 대한 생각에 의해서 고통받는다"라고. 우리는 주변에 일어나는 일들을 내가 살아온 방식대로 해석한다. 문제는 '그 해석의 틀이 어떤 모습이냐'라는 것이다. 나만의 뒤틀린 해석 때문에, 받지 않아도 되는 고통에 갉아먹히고 있는 건 아닐까.

심리학자 앨버트 엘리스는 '비합리적 신념'에 대해 이렇게 설명한다.

"일상생활에서 겪는 구체적인 사건들에 대해 합리적이지 못한 방식으로 받아들여, 자기 패배적인 결과를 가져오는 신념들."

안타깝게도 본인 안의 이런 비합리적 신념을 모른 채 반복적으로 연애를 망치는 사람들이 있다. 연애할 때 작동하는 비합리적 신념은 깜짝 놀랄 정도로 많다.

이전 연인이 바람을 피웠다면 대번에 "남자는, 혹은 여자는 다 바람둥이야"라는 신념을 뇌 속에 안전벨트인 양 장착해버리고 만다. 우리의 경험은 자꾸 우리에게 이

상한 안경을 씌우고 숨 막히는 벨트를 채워 자유로운 생각을 방해한다. 이 생각의 힘은 위대한 나머지 연애를 아예 시작하지 못하게 만들어버리기도 한다.

많은 남자들이 연애를 포기하게 만드는 흔한 신념 '여자들은 돈 없는 남자를 싫어한다'는 말은 어떤가. 그 말이 맞다면 세상 모든 아빠들은 다 부자여야 하지 않은가? 반대로 '남자들은 예쁜 여자만 좋아한다'는 신념이 옳다면 세상 유부녀들은 죄다 미녀여야 한다.

그럼 "하루 세 번 이상 연락하고, 내 톡에 30분 내로 답해주지 않는 남자는 나를 사랑하지 않는 거야"라는 신념은 어떨까.

이 생각에 갇혀 있으면 연인의 연락 횟수와 속도에 따라 마음이 천국과 지옥을 오간다. 엘리스의 합리적 정서 행동이론에 따르면, 이런 '왜곡된 생각'이 불안감이라는 '부정적인 감정'을 일으킨다. 그 감정은 상대에게 화를 내거나 이별을 통보하는 방식의 '비생산적 행동'으로 나를 이끈다. 그러니까 잘못된 생각이 잘못된 감정을 일으키고, 그 감정은 잘못된 행동을 하도록 만드는 것이다.

훼방꾼을 몰아내고 행복해지는 연습하기

엘리스는 여기에서 왜곡된 생각을 수정하면 좋은 감정과, 사랑에 도움이 되는 행동 방식을 선택할 수 있다고 말한다. 스스로 올바른 질문을 던져보고 이성적으로 대답할 수 있다면, 이 문제를 단번에 해결할 수 있다.

질문 : 내 톡에 30분 내로 답해주지 않는 남자는 정말 나를 사랑하지 않는 걸까?

답 : 남친은 직장에서는 원래 톡을 자주 확인하지 않잖아. 그리고 늦게 확인하면 꼭 이유를 말해주는데, 그건 내 감정을 신경 쓴다는 거지.

이렇게 답할 수 있다면 스스로의 상담치료사가 되어 문제를 해결한 셈이다. 이로써 속상한 감정이 일어나지 않고, 이 감정으로 연인에게 상처 주지 않게 된다. 비합리적 신념을 합리적 사고로 바꾸는 법, 연습문제를 통해 좀 더 다뤄보자.

'데이트 코스는 당연히 남자가 짜야 하는 거 아니야?'

'여자가 남자를 좀 챙겨줘야 하는 거 아니야?'

'사귀기로 했으면 주말 이틀은 무조건 만나야지.'

그렇지 않다. 연애가 처음이라 서툴 수도 있고, 타고나길 꼼꼼하지 못한 사람도 있으며, 회사에서 새로 맡은 프로젝트 때문에 주말까지 고군분투하는 이들도 있다. 사람마다 성향과 처한 상황이 다르기 때문에 흔히들 이상적으로 생각하는 그런 연애가 힘든 경우도 분명히 있다. 내가 꿈꾸던 로망대로 연애를 하지 않는다고 해서 잘못된 것이 아니다.

이제는 '경험에서 지혜가 나온다'는 말도 100퍼센트 진리가 아님을 알게 되었으리라 믿는다. 경험을 이성적 사고로 걸러내지 않을 때, 경험은 지혜가 아닌 왜곡된 신념을 우리 내면에 심어놓고 숙주 삼아 무럭무럭 자라나 행복을 갉아먹는다. 연인과 매번 똑같은 문제로 다툼을 반복하고 있다면, 그 사람과 나 사이에 자리 잡은 비합리적 신념은 없는지 되돌아보자.

우리가 행복해지기 위해서 싸워야 할 대상은 가엾은 연인이 아니라 우리의 생각일 수도 있다.

비합리적 신념을 점검하고 바꾸는 연습

나의 비합리적 신념은 무엇일까? 엘리스의 ABCDE 모델에 따라 다음의 표를 채우며 확인해보자.

사건 Accident	
나의 신념 Belief	
그 결과 Consequence	
새로운 생각 Dispute	
수정된 결과 Effect	

사랑의 운명을 가르는 연애 프레임

연애 경험이 많지 않은 경우, 특히 이성에게 다가갔다가 거절당한 경험이 많은 경우에는 누군가를 사귀게 되었을 때 사랑에 대한 목마름이 굉장히 큰 상태로 시작하게 된다. 그런데 이런 마음이 연애에 독이 되곤 한다.

안타깝게도 세상에 그 누구도 우리를 사랑해주기 위해서 두 팔 벌리고 기다리지 않는다. 사람들은 기본적으로 자기 행복을 추구한다. 나에게 다가오는 사람은 본인의 행복을 추구하기 위해서라고 생각하는 것이 정신건강에 이롭다. 그런 마음이어야만 연애할 때 상처를 받지 않는다.

나의 프레임이 연애와 동시에 추락하는 이유

연애론의 중요한 개념 한 가지를 기억했으면 좋겠다. 나에 대한 사랑이 자라나도록 하는 것, 그것이 곧 '프레임'이다. 프레임이란 세상을 바라보는 창, 혹은 틀이라는 뜻이다. 연애의 프레임이란 내가 상대방을 바라보는 가치, 그리고 상대방이 나를 바라보는 가치를 말한다.

연애도 두 사람 사이의 인간관계이기 때문에 누가 더 가치 있는지를 속으로 재어보는 마음이 분명히 있다. 상대방이 나를 사랑하게 만드는 법은 나의 프레임, 즉 나의 가치를 높이는 것이다.

당신이 누군가를 만나고 있다면, 일단 당신이 상대방의 기준을 충족했다는 뜻이다. 최소한의 호감도 없이 연애를 시작하는 사람은 없으니 말이다. 그 사람은 당신을 좋아한다. 이것이 팩트다. 이것을 전적으로 믿어야 한다.

그렇게 시작 지점에서 당신의 프레임은 어느 정도 높은 수준에 도달해 있다. 그런데 연애의 시작과 동시에 프레임이 훅 낮아지는 경우가 더러 있다. 그런 경우에는 연애를 말아먹게 된다. 자기의 가치를 스스로 낮추는 행동은 어떤 것들이 있을까?

상대방을 탈출 모드로 만드는 '집착'

아리아나 그란데Ariana Grande의 노래 중 〈Needy〉라는 곡이 있다. '갈구하는'이라는 뜻이다.

> 네 답장이 계속 늦어지면 난 어떻게 반응해야 할지 모르겠어.
> 확실한 건 난 네 답장을 계속 기다리겠지.
> 최근 감정 기복이 너무 심해져서 조절하려 노력 중이야.
> 확실한 한 가지는, 내 곁에 네가 필요하다는 것.
> 난 집착이 심하고 사랑이 지나치지.
> 마음을 다해 과대망상 하는 데도 소질이 있어.

내가 이 지경인 걸 넌 알기나 할까?
난 너의 애정에 굶주렸어, 그것도 아주 심하게.
난 너의 애정에 굶주렸어, 만족하기가 힘들어.
내 감정이 너무 심하게 오르내렸다면 미안.
나로는 충분하지 않다고 생각해서 미안.
미안하다는 말을 너무 많이 해서 미안.

이 아름다운 노래의 가사를 들으면 어떤 생각이 드는가? 한창 열애 중인 노래 주인공의 심상은 너무 불안해 보인다. 집착하면서 스스로 자존감을 깎아 먹는 불안정 애착유형의 전형적인 모습이다. 이럴 때 상대방은 도망가고 싶은 마음에 운동화 끈 단단히 묶게 된다. 연인 사이에 가장 매력이 떨어지는 행동이 집착하는 모습이다. 본인의 가치를 땅속까지 낮아 보이게 만들기 때문이다.

흔히 상대방에 대한 감정이 커졌을 때, 그 사람의 감정이 나의 감정선과 다름을 느끼면 여유를 잃고 연애를 스스로 망치게 된다. 이때의 감정 상태는 살짝 패닉에 빠진 것 같다. 집착하고 연락을 구걸하며 사랑을 갈구한다. 그럴수록 연인은 한발 한발 멀어진다.

처음에는 자석처럼 끌렸던 상대방이 이제는 더 이상

매력적으로 느껴지지 않는다. 사랑은 생각하고 그리워하면서 올라오는 것인데, 잠시도 그리워할 틈을 주지 않으니 어느 순간 벗어나고 싶다는 생각밖에 들지 않는다. 그 사람에게 나는 어떤 노력도 들일 필요가 없는, 화장대 구석에 놓인 화장품 샘플 같은 존재가 된다. 그래서 호감을 취소하고 반품하고 싶어진다.

사랑을 갈구하는 이들의 특징은 두 사람의 관계나 상대방의 감정을 계속 확인하려 든다는 것이다. "우리는 무슨 사이야?", "나 좋아하는 거 맞아?" 이런 질문을 만날 때마다 빠뜨리지 않는다. 이런 성향은 연애 초반부터 드러난다. 너무 잦은 연락, 일방적인 긴 톡, 상대방이 답하지 않아도 끈질기게 정신 승리하는 친절한 톡, 우리가 어떤 사이인지 묻는 진지한 이야기들. 당신의 매력이 폭삭 주저앉는 지름길이다.

상대방 입장에서 생각해보자. 모처럼 재미있게 데이트 좀 해볼까 하는데, 자꾸만 시험 보듯 감정을 점검하려 든다면 그 연애에 무슨 재미가 있겠는가. 사랑이란 어떤 의무감으로 시작하는 게 아니다. 특히 연애 초반에 상대방은 나에게 아무런 의무도 없다고 생각해야 한다.

사랑의 의지를 지속하기 위해서는 매력을 잃지 않고 자기의 가치를 떨어뜨리지 않으려는 노력이 반드시 필요하다. 사랑 고백 뒤에는 생략된 말이 있다.

"네가 지금처럼 계속 멋진 모습이라면 언제까지나 곁에서 사랑하겠어."

이런 마음의 소리가 메아리처럼 따라다니는 것이 두 사람이 만들어나가는 사랑이라고 생각하자.

사랑할 때 생각은 단순할수록 좋다

프레임을 깎아 먹는 두 번째는, 연인의 모든 행동을 예민하게 분석하고 의미를 부여하는 것이다. 감탄의 눈빛이라도 받았다면 머릿속에 폭죽을 터뜨리며 기뻐한다. 무심한 눈빛을 느꼈을 때는 불안하고 우울해져서 극단적인 상상에 빠진다. 상대방이 나를 좋아하는지에 마음의 초점이 고정되어 감정의 롤러코스터를 타는 것이다.

'다음에 꽃 구경 가자고 했으면서 왜 빨리 만나자고 약속을 잡지 않지? 혹시 다른 사람이랑 가려는 거 아니야? 오늘 아침에는 안부 연락도 없네. 벌써 애정이 좀 식

었나 봐.'

혼자서 머릿속으로 끊임없이 상황을 복기하고 생각하고 분석한다. 이렇게 극도로 예민한 상태라면 막상 데이트 때는 어떤 모습이 될까? 과각성 상태! 여유롭고 편안한 모습은 사라지고 딱딱하게 굳은 상태가 된다.

생각은 단순할수록 좋다. 단순하게 생각하고, 생각나는 대로 물어보고, 답을 들었다면 더 이상 분석하지 말고 마음에서 비우자. 감정적인 균형이 완전히 무너져버린 상태라면 사랑이 무럭무럭 자라날 공간이 없다.

착한 사람은 되어도, 쉬운 사람은 되지 말라

내 프레임을 지키기 위해 하지 말아야 할 마지막 행동은 '무조건 착하기 굴기'다. 이것은 다시 말하자면 마음과 행동에 일관성이 없는 것으로, 앞에서도 강조했듯이 연애에서 꼭 경계해야 할 행동이다.

예를 들어보자. 연인이 갑자기 약속을 미뤘다. 속으로는 실망했으면서 겉으로는 "알았어. 괜찮아. 밥 챙겨 먹어." 이렇게 착하게 말하는 사람들이 있다. 그러고는 뒤돌아서 속상해하고 울기도 한다. 보통 심약한 연애 초짜들이 너무 좋아하는 상대를 만나면 이런 실수를 한다.

그럼 상대방은 어떻게 생각할까? '천사가 따로 없구먼.' 하고 감동할까? 그렇지 않다. 본인도 미안한 행동을 한 것을 알고 있다. 그래서 '이 사람은 자존심이 없나. 솔직하지 않네'라는 느낌을 자기도 모르게 받는다. 나는 아무렇게나 해도 괜찮은 쉬운 사람, 프레임이 낮은 사람이 될 뿐이다.

착한 사람은 되어도 쉬운 사람은 되지 말자. 사과를 받아주는 것이 착한 사람, 사과할 필요도 없는 것은 쉬운 사람이다. 그 사람의 사정을 이해해줄 수는 있지만 적어도 성의 있는 사과와 '다음에 진짜 좋은 데 가자', '다음에 맛있는 거 사줄게.' 정도의 약속은 있어야 하지 않을까.

당신의 연인은 당신의 프레임을 알려주지 않는다. 그렇다고 존재하지 않는 것이 아니다. 두 사람 사이에서 커다란 중심축으로 왔다 갔다 흔들리면서 연애의 운명을 가르는 것이 바로 프레임이다.

사랑도 세상사와 똑같다. 마음 하나만으로 하는 것이 아니라 프레임을 통해서 서로를 바라보는 것이다. 어쩌면 조금은 허탈한, 사랑의 실체다.

연애에서 프레임은 당신의 태도가 상대방의 마음에 심어놓은 당신의 위상임을 기억하라. 당신의 손으로 직접 견고한 사랑의 틀을 완성하시길 바란다.

작정한 남자는 이렇게 행동한다 : 픽업맨 피하기

여자를 하룻밤 사이에 침대로 끌고 가는 방법을 연구하고 전수하는 사람들이 있다고 한다. 이른바 '픽업맨'이라 불리는 남자들이다. 여자들이 가장 피하고 싶어 하는 부류일 것이다. 이 사람들은 여자의 적인 것 같지만, 크게 보면 남자의 적이기도 하다. 여자들이 세상 남자를 싸잡아서 오해하고 경계하게 만드니까 말이다.

그럼, 만난 당일에 무조건 모텔 가는 것만을 목적으로 하는 일부 나쁜 남자의 수법을 알아보자.

여자의 집에서 되도록 먼 곳에서 만나려 한다

술 먹고 시간이 늦어져서 집에 들어가기 애매한 상황을 만들기 위해서다. 그러니 처음 보는 사람과 약속을 잡을 때는 집에서 멀지 않은 곳으로 장소를 정하자. 물론 굳이 집 위치를 알려줄 필요는 없다.

1차로 무조건 술자리를 잡는다

주어진 시간이 길지 않다는 걸 알고 무조건 술을 먹여 빨리 결판을 내려 한다. 여자가 "저녁 안 먹었는데 밥 먹으러 가자"고 하면 "그럼 고깃집 가자. 술은 나만 먹을게"라며 무조건 술이 나오는 곳을 고집한다.

여자가 술을 못 마신다고 하는데도 술집을 가자고 하는 남자는 필히 거르기 바란다. 배려심 있는 남자라면 첫 만남에 술자리는 부담 될 수 있다고 생각하게 마련이다.

개똥철학을 남발한다

이런 사람들이 멋진 척, 자기 철학이랍시고 투척하는

고정 멘트가 있다. '한 번 사는 인생', '나는 본능에 충실한 사람이다', '현재를 즐겨야 한다', '사랑은 느낌이다'. 이런 그럴싸한 얘기를 듣다 보면 나도 왠지 막 살아야 이득인 것 같다. 그럴 땐 한마디하자.

"시간 여행자세요? 많이 바쁘신가 보네요. 연애다운 연애는 할 시간이 없으실 것 같은데……."

선 넘는 터치를 한다

빨리 잠자리를 하려면 육체적인 친밀감을 쌓아야 한다. 그래서 호시탐탐 만지려 한다. 손금을 봐준다면서 손을 만진다. 이게 촌스러운 것 같으면서도 은근히 통한다. 그리고 뜬금없이 음식을 먹여준다. 이게 아무것도 아닌 것 같지만 뭔가 야릇하다. 남자들은 여자가 입을 벌려 받아먹는 모습만 봐도 야한 상상을 하기도 한다. 이런 남자들이라면 더더욱.

하지만 이것은 분명히 경계를 넘는 행동이다. 여자는 그 상황에서 좀 불편하더라도 상대방이 무안할까 봐 받아먹어 주기도 한다. 굳이 그럴 필요 없다. "제가 먹을게요." 하고는 속으로 '마이너스 1점' 추가하면 된다.

남자가 외모에 대한 찬사를 날리며 이렇게 은근슬쩍

스킨십을 해오면 여자는 어느 순간 경계가 살짝 무너질 수 있다. 마술사가 마술을 부릴 때도 한 손으로 혼을 쏙 빼놓은 다음에 딴 손으로 작업하는 법이다. 이 남자들은 하지 말라고 제지해도 못 알아듣는 척 웃으면서 계속한다. 그러니 선을 그을 때는 정색하고 단호하게 말하자.

상대가 어떤 사람인지 파악이 잘 안 된다면 "나랑 친해지고 싶어요? 친해지고 싶어서 자꾸 스킨십 하려고 하시나 봐요. 그런데 저는 친해지기도 전에 이러는 건 부담스러워요." 하며 정색하는 눈빛을 보내자. 그런데도 남자의 목적이 노골적으로 느껴진다면 가급적 빨리 자리를 뜨고 연락을 차단하는 게 좋다. 뭐가 되었든 중요한 말을 못 알아듣는 사람이다. 빠른 판단은 에너지를 절약하는 길이다.

사소한 터치에도 난리를 치는 예민 보스가 되라는 소리가 아니다. 상대방이 나의 경계를 쉽게 허물어내려고 할 때를 민감해야 포착해야 한다는 소리다.

기만적인 감정 표현을 남발한다

너한테 반했다, 좋아한다, 심지어 사랑한다며 과도한 애정 표현을 한다. 심리학자 데이비드 버스의 조사 결과에 따르면 설문에 참가한 남자들 중 무려 71퍼센트가 여자와 자고 싶어서 감정의 깊이를 과장했다고 한다.

문제는 여기 넘어가는 경우가 많다는 것이다. 특히 어린 10대 친구들이나 자존감이 낮은 여성, 연애 경험이 없는 여성은 이런 예쁘다는 칭찬, 사랑스럽다는 칭찬에 약해질 수 있다. 이때는 그런 말에 휘둘리거나 '진심으로 로맨틱한 사랑이 시작되나 보다.' 하는 망상을 품지만 않으면 된다. 그 말을 들었다고 무언가 보답해야 할 것 같은 마음이 들 수 있는데 여기에 주의해야 한다. 자꾸 상냥한 본성이 발동한다면 음식 값을 더치페이 하는 것으로 타협하자. 상대에게 약간의 거리를 둘 수 있을 뿐 아니라, 다른 무언가로 보답해야겠다는 나의 무의식적인 심리를 차단할 수 있다.

끈질기게 '쉬었다 가자'고 한다

"내가 며칠 동안 회사에서 밤샘 근무를 해서 너무 피곤하다. 편하게 앉아서 얘기하며 술 좀 깨고 가자." 이런 식으로 집요하게 상황을 만드는 것이 픽업맨들의 방식이다. 여기에 달콤하게 덧붙이기를 "너랑 조금 더 있고 싶어서 그러는 거다. 아무 일 없을 거다"라고 한다.

하지만 반드시 알아야 할 것이, 일반적인 남자들은 여자가 숙박업소를 따라간다고 하면 암묵적으로 섹스에 동의한 것으로 생각한다. 그래서 여자가 "정말 대화만 할 거지?"라며 재차 확인하는데도 여자가 이미 마음의 준비를 했다고 간주한다.

픽업맨들의 주된 수법은 '문간에 발 들여놓기'다. 이것은 세일즈맨들이 방문판매 할 때 사용하는 심리 기술이다. 방문판매 사원들은 대뜸 "칼 팔러 왔습니다"라고 하지 않고 "좋은 칼 있는데 그냥 구경만 해보세요. 진짜 안 사셔도 됩니다"라고 말하면서 어떻게든 한 발을 들여놓는다. 작은 호의를 베푼 집주인은 이어서 조금 더 어려운 부탁, 즉 칼 한 자루 사달라는 부탁도 들어줄 가능성이 커진다.

마찬가지로 픽업맨들은 처음부터 "나랑 오늘 밤 섹스할래?"라고 말하지 않는다. 뺨 맞고 거절당할 것이 빤하다. 어떻게 해서든 모텔로 데리고 들어가는 것이 1차 목표다. 그리고 거기서 자신이 진짜 원하는 것을 얻어내려 한다.

여자는 얼떨떨한 와중에 남자가 육체적으로 밀어붙

이고 고집을 부리면 자포자기 심정이 되어 순식간에 섹스까지 가기도 한다. 이게 바로 동의 없는 성관계다. 실제로 굉장히 흔히 일어나고 여자에게는 치명적인 후폭풍을 불러온다.

만약 이런 상황에 처했다면 이것이 엄연한 성폭력임을 인식하고 상대 남자에게도 알려야 한다. 실제로 유럽의 많은 국가들은, 잠자리 상황에서 명백한 위협이 없었더라도 '상호 동의 없는 섹스'를 강간으로 규정하고 징역형을 선고한다.

이미 상황 끝났는데 무슨 의미가 있냐고 할 수 있는데 이런 행동은 굉장히 의미가 있다. 상대방이 나를 기만했다는 분노와 나 스스로 거기에 어느 부분 협조했다는 자책감에서 벗어날 수 있기 때문이다. 그렇게 내 잘못이 아니라는 사실을 스스로에게 잘 정리해줄 필요가 있다.

♡
♦
●

혼자서도, 둘이서도 행복한 섹스

착해도 너무 착한 남자들이 있다. 착한 남자는 연인이 원하는 많은 일들을 묵묵히 해낸다. 불만이 없진 않지만 웬만한 갈등이 있어도 '내가 참으면 그만'이라 생각하고 넘어간다. 하지만 아무것도 바라지 않는 것은 아니다. 뜨거운 밤에 대한 욕망은 그 어떤 마초남 못지않다. 그런데 안타깝게도 이 착한 남자의 연인은 늘 시큰둥이다.

짠내 나는 이 착한 남자들, 정열의 화신으로 변신할 방법은 없을까?

기쁜데 슬픈 섹스는 이제 그만

착한 남자의 잠자리 패턴을 보자. 연인은 침대나 소파에서 기대어 쉬고 있다. 우리의 착한 남자가 슬그머니 다가가서는 조물락조물락 스킨십을 시도한다. 대개는 "아우, 왜 이렇게 집적거려~" 하는 핀잔을 듣기 일쑤지만 운이 좋으면 여친이 살짝 반응을 보이기도 한다. 오매불망 고대하던 합방의 순간. 착한 남자는 기분이 날아갈 것 같은 것도 잠시, 곧바로 서비스 정신을 발휘하여 여친의 기분을 좋게 하는 데 온 에너지를 집중한다.

그에게는 본인의 욕구보다 상대방의 욕구를 만족시키는 것이 훨씬 더 중요하다. 정성껏 30분, 혹은 그 이상 공들여 애무하여 극치감을 선사하고자 한다. 속으로는 본 게임에서 한 번 더 오르게 만들어야겠다고 다짐한다. 그런데 아뿔싸! 이때 '꼬무룩'이 와버린다. 혹은 예기치 않게 아주 짧은 시간 만에 본 게임이 끝나고 만다. 착한 남자는 부랴부랴 파트너의 기분을 점검하고 조용히 옷을 입는다.

이렇게 되는 이유는 파트너를 만족시키는 데에만 집중한 나머지 자신의 욕망은 뒷전이 되어버린 탓이다. 이런 성생활에 얼마나 만족감이 있을까? 이런 잠자리를 '기쁜데 슬픈 잠자리'라고 이름 붙이고 싶다.

이렇게 만족스럽지 못한 잠자리를 이어가는 남자들은 자신에게 기술이 부족하다고 생각하여 섹스 테크닉을 열심히 공부한다. 하지만 그보다 더 중요한 것이 있다. 바로 자신의 욕망에 대한 수치심과 두려움을 극복하는 것이다. 파트너와 더불어, 신나고 정열적이고 모든 것이 웅장해지는 체험을 하려면 어떻게 해야 할까?

건강한 혼자놀이가 꼭 필요한 이유

로버트 글로버Robert A. Glover 박사는 건강한 자위를 연습함으로써 성생활의 큰 그림을 바꾸어나갈 수 있다고 말한다. '혼자놀이'를 할 때 수치심 없이 자기 욕구를 즐길 줄 알아야 다른 사람 앞에서도 수치심 없이 욕구를 즐길 수가 있다는 이야기다.

착한 남자들과 상담해보면 "제가 성도착인 것 같아요"라고 말하는 분들이 더러 있다. 자위를 얼마나 자주 하는지 물어보면 정작 일주일에 두세 번이라고 답한다. 결코 많은 횟수가 아닌데도 스스로 성도착이라고 느낀다는 것은, 자위라는 행위 자체에 수치심을 가지기 때문이다. 무언가 부적절하다는 생각이 들끓어 끊임없이 스스로를 향해 손가락질하기 때문에 마음이 불편하고 불안하다. 하지만 억누른다고 해서 그 욕구가 어디로 가는 것은 아니다.

스스로 나에게 쾌감을 주는 것에 익숙해지지 않으면 다른 사람이 나에게 주는 쾌감을 자연스럽게 받아먹지 못한다. 건강한 자위란 어떤 것일까? 보통 '자위' 하면 야한 동영상을 바로 떠올린다. 나는 개인적으로 잘못된 카테고리만 아니라면 야한 동영상에 아무 문제 없다고 생각한다. 하지만 영상 없이 혼자 노는 연습을 할 것을 꼭 권하고 싶다.

보통 자위의 목적은 오르가슴이다. 하지만 건강한 자위는 그 목적이 반드시 극치감에 다다르는 것이 아니다. 나의 성 에너지를 방출하는 것이 바로 목적이다. 혼자 잘 놀기 위해서는 두 가지 요건이 필요하다. '혼자만의 안전한 공간' 그리고 '시간'이다.

여기에서 완전히 이완된 상태로, 더없이 편안한 마음으로 자기 자신의 감각에 온전히 집중하는 것이다. 남자들은 동시에 여러 가지를 못한다. 영상을 보면 감각이 시각에만 집중되기 때문에 내 몸의 감각에 집중할 겨를이 없다. 그 시각적 자극을 내 온몸에 대한 감각으로 옮겨온다고 생각하면 된다. 단순하지만 효과는 크다.

무엇보다 많은 남자들이 고민하는 '쾌락의 시간을 어떻게 늘릴 것인가?' 하는 문제에 큰 도움이 된다. 흥분의 단계를 느끼면서 중간 정도 올랐을 때 속도를 늦추어 살짝 가라앉혀 보고, 좀 더 상승할 때 다시 한 번 멈춰본다. 이런 연습을 하면서 나의 감각과 신체를 유연하게 조절하는 경험을 하는 것은 굉장히 의미 있는 일이다. 내가 나의 몸을 제어할 수 있다는 생각이 불안감을 없애주고 자신감을 높여준다.

혼자서도, 둘이서도 행복한 섹스

가뭄에 단비처럼 주어지는 '기쁜데 슬픈 관계'로 갈증

을 해소하는 착한 남자들에게, 건강한 혼자놀이를 추천한다. 일주일에 한 번씩 꾸준히 연습해보면 분명히 변화를 느낄 수 있을 것이다. 어느 순간 내가 즐기고 누리는 것에 아무 문제가 없다는 안정감이 생길 것이다. 더불어 본인의 감각을 점점 알아가면서 수치심의 자리를 온전한 쾌감이 채우게 될 것이다.

이 책의 앞 장에서 설명하기를 여자에게는 전희와 후희가 중요하다고 강조했는데, 이는 결코 남자들이 상대방의 욕구를 나의 욕구보다 우선시하고 반드시 충족시켜줘야 한다는 의미가 아니다. 상대방 또한 나의 욕구를 알아주어야 한다.

입장 바꿔 생각해보라. 만약 상대방이 본인의 쾌락은 개의치 않고 오로지 나의 쾌락에만 집중하고, 내가 얼마나 느끼는지 얼마나 여러 번 오르는지만 목표 삼아 섹스를 한다면 그만큼 부담스러운 일도 또 없다. 정도가 지나치면 여성들이 연기를 하기도 한다. 이렇게 되면 두 사람 사이에는 낯선 거리감이 생긴다. 서로가 노력하는데도 서로 소외되는, 기묘한 섹스가 되는 셈이다.

건강한 혼자놀이의 연장처럼 그렇게 두 사람이 잠자리를 이어갔으면 좋겠다. 서로 쾌감을 주거니 받거니 하면서 그야말로 교감하는 섹스를 나누게 되면 두 사람 사이에 신뢰감과 애정이 한층 더 깊어진다. 형편없는 성생활에 결코 만족하지 마시라.

혼자서 행복하고, 더불어 행복하시라.

♡
♦
●

이별의 지독한 후유증에 시달리는 사람들에게

이제 그만 헤어지자는 이별의 통보를 받아본 적 있는가? 그 사람에게 일방적으로 차단까지 당하고 나면 내가 뭘 잘못했는지 끊임없이 복기하게 된다. 마지막에 아쉬움 담긴 그의 톡을 괜히 씹었던 일이며, 한번쯤 매달려보지 않은 일을 가슴 치며 후회한다. 원망보다는 모두 내 잘못인 것 같아 자존감이 바닥을 친다. 차라리 그 사람이 교통

사고를 당해 죽었다 해도 이런 고통은 아닐 것이라는 잔인한 생각도 든다.

지옥에서 경험할 수 있는 모든 것

시인 에밀리 디키슨Emily Elizabeth Dickinson은 "이별은 우리가 지옥에서 경험할 수 있는 모든 것"이라고 했던가. 연인들이 간과하는 것이 '이별의 방식'이 얼마나 중요한가 하는 것이다. 문자로 보내는 일방적인 이별 통보, 심지어 아무 말 없이 사라져버리는 잠수 이별은 두 사람의 시간에 대한 예의가 아니다.

원인이 무엇이든, 사랑을 나누었던 연인은 마주 보고, 서로 마음의 준비를 할 시간을 주고, 이별의 대화도 반드시 주고받아야 한다. 떠나는 사람은 남겨지는 사람이 그 연애에 대해서 간직할 말들을 고민해두었다가 전해주어야 한다. 이것이 당연하지만, 당연히 행해지지 않는 '아름다운 이별'이다.

인류학 교수 헬렌 피셔Helen Fischer는 실연한 대학생들의 뇌 변화를 측정하는 실험을 했다. 사랑했던 연인의 사진을 보자 놀랍게도 연애 초기에 나오는 사랑의 마약이라는 도파민이 대량 분비되었다. 그리고 동시에 실연을 자각하면서 격렬한 분노의 감정과 연관된 노르에피네프린이 분비되는 것을 볼 수 있었다.

이별을 당한 후 사람들은 스트레스 호르몬인 코르티솔이 급격히 분비되어 몸이 아프기도 하고 깊은 우울감을 경험하면서 황폐해진다. 첫 만남의 설렘과 유사한 뇌의 상태지만 사랑을 상실한 현실을 동시에 떠올리게 된다. 무기력, 분노, 후회, 집착의 감정들이 롤러코스터처럼 한동안 휘몰아친다.

불친절한 사랑을 견딘 그대에게

스위스 정신의학자 엘리자베스 퀴블러 로스Elizabeth Kubler Ross는 애도의 5단계를 이렇게 정의한다. 바로 부정, 분노, 타협, 우울, 수용의 5단계다. 이별을 겪어내는 애도도 망자에 대한 애도의 과정과 다르지 않다. 이 다섯 단계는 꼭 순차적으로 밟게 되는 것은 아니다. 그러나 대체로 그 과정을 거치게 되므로, 모든 단계에서 당황하지 말고 피하지도 말고 꼭꼭 잘 밟고 지나야 한다.

임상심리학박사이자 애도 상담 전문가 고선규 교수는 애도의 가장 중요한 과제는 '상실을 현실로 받아들이기'라고 말한다. 연인이 떠났다는 비현실적인 사건을 사실로 받아들이는 낯선 고통의 시간을 견디고 지나 보내야 한다는 것이다.

이때 헤어진 연인의 흔적을 지워내려고 물건들을 버리거나 사진을 불태우기도 한다. 아이러니하게도 코끼리 생각을 하지 않는 유일한 방법은 코끼리를 생각하는 것이라는 말이 있다. 잊기 위한 노력은 당장에 도움이 되지 않는다. 오히려 연인을 떠올리게 만드는 물건들을 다 꺼내어 놓고 추억에 실컷 잠겨보고 엉엉 우는 편이 낫다. 울음의 크기가 줄어들 때, 내가 이전보다 덜 아프다는 것을 깨닫게 된다. 고통을 솔직하게 통과하는 방식이 늘 결과도 좋다.

이별이 당신이 원하는 순간에 원하는 방식으로 오지 않은 경우, 애도의 과정이 더 어렵고 길어진다. 그 관계 자체를 후회하고 무자비한 연인을 증오하며 복수하고 싶어지기도 한다. 하지만 애도에 복수는 없다.

이별을 불러온 자신의 실수들을 안타까워하고 자책

하면서 자존심을 끝없이 갉아먹지도 말자. 이별은 아플지언정 상대나 스스로를 바닥까지 끌어내리고야 말 만큼, 그렇게 파괴적인 사건은 아니어야 할 것이다.

사랑 속에는 이별도 있다. 그저 올 것이 온 것뿐이다. 다만 불친절하게 왔을 뿐.

이별은 치열한 노동, 휴식은 찾아온다

이별의 방식 때문에 엉클어졌어도 본인이 겪은 사랑을 규정해볼 필요가 있다. 그 만남이나 시간에 대해 의미를 규정하는 의식을 치르자. 연인이 이별을 결심하기까지 어떤 마음이었을지 완전히 그 사람의 입장이 되어 추측해본다. 무조건 나를 버려서 나쁜 사람이라고 한마디로 정의해버리면 그 관계에서 건져 올릴 것이 아무것도 없다. 내가 해석하고 수용함으로써 결론을 내야 할 일임을 이해하자.

그런 의미에서 나의 연애를 한 편의 영화처럼 펼쳐보며 그리워하는 과정이 있다면 좋겠다. 물론 조금 힘이 생겼을 때 이야기다. 이런 과정을 거쳐 객관화될 때쯤에는 감정의 롤러코스터가 한층 느려진다. 눈물방울이 작아지다가 차츰 말랐을 때는 어쩌면 미소를 띠고 물건들을 불태울 수 있을지도 모른다. 아니면 한구석에 그냥 치워두어도 그 물건들이 더 이상 애써 외면하고 싶은 고통으로 느껴지지 않고 담담해진다.

다이애나 샌즈Diana C. Sands는 말했다.

"애도는 치열한 노동이다. 이별을 제대로 기억하기 위해 적극적으로 애쓰는 것이다."

이별이 치열한 만큼 깊고도 나직한 휴식이 찾아온다. 이별을 극복하려고 하지 말고, 고통의 터널을 통과한다는 느낌으로 천천히 호흡하며 지나보자.

터널은 반드시 끝이 있다. 터널의 끝은 반드시 밝다.

첫 만남과 썸, 연애와 섹스, 그리고 마지막 이별의 이야기까지. 두 사람의 남녀가 만나 겪게 되는 모든 여정에 대한 이야기를 마쳤다. 연애 고수가 되는 신비한 지름길이나 비법이 따로 있는 것은 아님을 이해했으리라. 인간

대 인간으로 상대방을 이해하고, 나란히 걷고자 보폭을 맞추는 것이 바로 연애의 정도다.

이 책이 당신의 사랑의 여정에 섹시하고 몽글한 행복을 한 순가락 보탤 수 있기를 바란다. 모두의 연애가 기쁨과 성장의 꽃길이기를, 두 손 모아 바란다.

썸 탈 때 바로 써먹는 심리학

초판 1쇄 발행 2022년 5월 30일

지은이 안은성
펴낸이 정덕식, 김재현
펴낸곳 (주)센시오

출판등록 2009년 10월 14일 제300-2009-126호
주소 서울특별시 마포구 성암로 189, 1711호
전화 02-734-0981
팩스 02-333-0081
전자우편 sensio@sensiobook.com

편집 임성은
디자인 섬세한 곰 김미성

ISBN 979-11-6657-067-4 03190